Tobias Immenroth

Bildungscontrolling im Rahmen der Personalentwicklung

Begriffe – Ansätze – Ziele – Aufgaben – Instrumente – Funktionen – Modelle

1. Auflage

2000
TIV - Braunschweig

CIP-Titelaufnahme der Deutschen Bibliothek

Immenroth, Tobias :
Bildungscontrolling im Rahmen der Personalentwicklung : Begriffe, Ansätze, Ziele, Aufgaben, Instrumente, Funktionen, Modelle / Tobias Immenroth. – 1. Aufl.. – Braunschweig – TIV, 2000
ISBN 3-9807017-1-9

Für Kerstin

Impressum

Tobias Immenroth:
Bildungscontrolling im Rahmen der Personalentwicklung
1. Auflage 2000, TIV Braunschweig
ISBN 3-9807017-1-9

Tobias Immenroth Verlag, Böcklerstraße 230, 38012 Braunschweig
e-mail: Tobias@Immenroth.de

EDV-Betreuung: Florian Immenroth EDV-Service F.I.E.S.
e-mail: Info@fies-online.de

Herstellung on demand: Georg Lingenbrink GmbH & Co., Hamburg
e-mail: libri@libri.de

Inhaltsverzeichnis

Einleitung

Kapitel 1

Kapitel 2

Kapitel 3

1 Einführung in die Thematik

Die zunehmende Generalisierung der Märkte, die Besinnung der Unternehmen auf die Bedeutung des Humankapitals für den Wirtschaftsprozeß, die Rationalisierung der Arbeitsabläufe, die Erkenntnis, daß lebenslanges Lernen der Schlüssel zum Berufserfolg und zur Arbeitsfreude sei und viele weitere aktuelle Rahmenbedingungen haben in den letzten Jahren dazu geführt, daß die Unternehmen große Investitionssummen für die betriebliche Bildung aufgebracht haben.[1] Bildungsmaßnahmen werden als Investitionen in das immaterielle Vermögen eines Unternehmens verstanden.[2] Die privaten Betriebe der gewerblichen Wirtschaft beispielsweise haben im Jahr 1992 insgesamt 36,5 Mrd. DM für die betriebliche Bildungsarbeit zur Verfügung gestellt.[3] Zunehmend wird von den Bildungsverantwortlichen erwartet, die Effizienz und die Effektivität ihrer Maßnahmen zu belegen.[4]

Auch die Frage, warum derzeit einerseits zu wenig Ausbildungsplätze zur Verfügung gestellt werden, andererseits Informatiker und Ingenieure fehlen, verleitet zu den Fragen, ob im Rahmen der Bildungsarbeit die richtigen Dinge getan werden und ob diese Dinge richtig gemacht werden.[5]

„Als Weiterbildungserfolg kann letztlich nur der Anwendungserfolg von Bildungsmaßnahmen betrachtet werden. Das ist – allgemein formuliert – die im Anschluß an eine Bildungsmaßnahme entsprechend der Zielvorgaben verbesserte Arbeitsleistung der Teilnehmer."[6] Man spricht hierbei auch vom Transfererfolg.

Eine empirische Untersuchung von Maisberger ergab 1993, daß 25% der befragten Unternehmen nicht einmal die Erfolge betrieblicher Weiterbildung prüfen. Noch wichtiger ist die Feststellung, ob das Gelernte zur Lösung von Problemen am Arbeitsplatz dauerhaft eingesetzt wird. Diese Transfersicherung wird aber nur von 11,6% der Unternehmen betrieben.[7]

Als weiteres Problem stellt sich die Frage nach der Bewertbarkeit der aus einer Bildungsmaßnahme resultierenden, verbesserten Arbeitsleistung. Insbesondere dann, wenn es um die Vermittlung von Schlüsselqualifikationen (z.B. Kommunikations-fähigkeit, strategisches Denken und Handeln, Motivationsfähigkeit im Hinblick auf Ziele, Entscheidungen treffen) geht, wie sie von Führungskräften benötigt werden, ist völlig ungeklärt, wie die Kausalität der Bildungsmaßnahme hinsichtlich der verbesserten

---

[1] vgl. Volk, H.: Lebenslanges Lernen – der Schlüssel zu Berufserfolg und Arbeitsfreude, in: PERSONAL Heft 6/1991, S. 209.

[2] vgl. Thom, N., Blunck, T.: Strategisches Bildungscontrolling, in: Landsberg, v. G., Weiß, R. (Hrsg.): Bildungscontrolling, 2. überarb. Aufl., Stuttgart, 1995, S. 36.

[3] vgl. Weiß, R.: Arten, Strukturen und Entwicklungen der Weiterbildungskosten, in: Münch, J. (Hrsg.): Ökonomie betrieblicher Bildungsarbeit, 1. Aufl., Berlin, 1996, S. 151.

[4] vgl. Bracht, R., Kalmbach, A.: Einführung von Bildungscontrolling, in: PERSONAL, Heft 1/1995, S. 26

[5] vgl. ebenda, S. 26.

[6] Rüdenauer, M.: Ganzheitliches Bildungsmanagement steigert den Weiterbildungserfolg, in: PERSONAL, Heft 7/1998, S. 340.

[7] vgl. Becker, M.: Bildungscontrolling, Möglichkeiten und Grenzen aus wissenschaftstheoretischer und bildungspraktischer Sicht, in: Landsberg, v. G., Weiß, R. (Hrsg.): Bildungscontrolling, 2. überarb. Aufl., Stuttgart, 1995, S. 64.

Arbeitsleistung nachgewiesen werden soll.[8] Andererseits wird von zahlreichen Bildungsverantwortlichen davor gewarnt, daß ein „übertriebener Evaluationszirkus" die Weiterbildung geradezu paralysieren könne.[9] Im Kontext dieser Überlegungen wird in dieser Arbeit das Bildungscontrolling im Rahmen der Personalentwicklung dargestellt.

2 Personalentwicklung als personalwirtschaftliche Funktion

In diesem Abschnitt soll zunächst der Begriff der Personalentwicklung unter betriebswirtschaftlichen Gesichtspunkten positioniert werden. Dabei bietet die Literatur keine einheitliche Definition. Neben dem Begriff „Personalwirtschaft" finden sich in der Literatur die Begriffe „Personalwesen" und „Personalmanagement", welche synonym verwendet werden.

Abzugrenzen ist der Begriff der Personalentwicklung von dem der Organisationsentwicklung. Bei letzterer handelt es sich um geplante und schrittweise vollzogene Entwicklungs- und Veränderungsprozesse in Organisationen (z.B. Betrieben, Abteilungen).[10] Neuberger hingegen versteht Personalentwicklung als Oberbegriff, welchem die Team-Entwicklung, die Organisations-Entwicklung und die Person-Entwicklung (mit der Weiterbildung) untergeordnet sind.[11]

Personalentwicklung wird in der Literatur sehr unterschiedlich definiert: „Personalentwicklung ist die personalwirtschaftliche Funktion, die darauf abzielt, Belegschaftsmitglieder aller hierarchischen Stufen Qualifikationen zur Bewältigung der gegenwärtigen und zukünftigen Anforderungen zu vermitteln. Sie beinhaltet die individuelle Förderung der Anlagen und Fähigkeiten der Betriebsangehörigen, insbesondere unter Berücksichtigung der Veränderungen der zukünftigen Anforderungen der Tätigkeiten und im Hinblick auf die Verfolgung betrieblicher und individueller Ziele" [12]

„Personalentwicklung umfaßt im weitesten Sinne Ausbildung, Fortbildung und Weiterbildung sowie generell Mitarbeiterförderung." [13]

„Die Personalentwicklung schließt alle personalwirtschaftlichen Maßnahmen ein, die der Sicherung und Erhaltung der menschlichen Arbeitsleistung dienen." [14]

---

8 vgl. Hentze, J., Kammel, A., Lindert, K.: Personalführungslehre, 3. vollst. überarb. Aufl., Stuttgart, 1997, S. 103ff.

9 vgl. Dybrowski-Johannson, G.: „Evaluationszirkus" lähmt die Weiterbildung, in: Süddeutsche Zeitung (Hrsg.): Bildungscontrolling in der betrieblichen Personalentwicklung, 1. Aufl., München, 1996, S. 14f.

10 vgl. Mentzel, W.: Unternehmenssicherung durch Personalentwicklung, 7., aktualisierte Aufl., Freiburg i. Breisgau, 1997, S. 17.

11 vgl. Roßbach-Emden, B., Bellmann, M.: Entwicklung der dezentralen Weiterbildungssteuerung: Der Weg zur lernenden Organisation, in: Landsberg, G. v., Weiß, R.: Bildungscontrolling, 2. überarb. Aufl., Stuttgart, 1997, S. 117.

12 Hentze, J.: Personalwirtschaftslehre 1, 6. überarb. Aufl., Stuttgart, 1993, S. 315.

13 Scholz, Chr.: Personalmanagement, 3. neubearbeitete und aktual. Aufl., München, 1993, S. 251.

14 Stargardt, H.-J.: Grundlagen, Ziele und Methoden in der Personalwirtschaft, 2. erw. und überarb. Aufl., Herford, 1992, S. 356.

„Personalentwicklung kann definiert werden als Inbegriff aller Maßnahmen, die der individuellen beruflichen Entwicklung der Mitarbeiter dienen und ihnen unter Beachtung ihrer persönlichen Interessen die zur optimalen Wahrnehmung ihrer jetzigen und künftigen Aufgaben erforderlichen Qualifikationen vermitteln.“ [15]

„Personalentwicklung ist das Insgesamt derjenigen Maßnahmen, die geeignet sind, die Handlungskompetenz der Mitarbeiter weiterzuentwickeln, zu erhalten und ständig zu erneuern, und zwar mit dem Ziel, den Unternehmenserfolg unter weitgehender Berücksichtigung der Mitarbeiterinteressen zu sichern.“ [16]

Aus diesen Definitionen läßt sich folgendes ableiten:
Personalentwicklung ist eine Funktion im Rahmen der Personalwirtschaft. Sie umfaßt gegenwarts- und zukunftsbezogene prozessuale Maßnahmen zur Förderung und Entwicklung aller Mitarbeiter eines Unternehmens. Unter Berücksichtigung der Individualität des Mitarbeiters soll hierbei seine Handlungskompetenz dahingehend angepaßt werden, daß er seine Aufgaben optimal wahrnimmt und somit zur Sicherung des Unternehmenserfolgs beiträgt.

Die berufliche „Kompetenz zum Handeln“ (= Handlungskompetenz) entsteht aus der Schnittmenge der fachlichen, der methodischen und der sozialen Kompetenz.[17] Mit „Handlungskompetenz“ wird jene Fähigkeit bezeichnet, welche es dem Mitarbeiter ermöglicht, aufgabengemäß, zielgerichtet, situationsbedingt und verantwortungsbewußt eine betriebliche Aufgabe zu erfüllen oder ein Problem zu lösen.[18]

Um dieses Ziel zu erreichen, nutzt die Personalentwicklung verschiedene Instrumente. Neben der Laufbahnplanung und den Laufbahnlinien, den Qualitätszirkeln und den Entwicklungsbeurteilungen, bedient sich die Personalentwicklung der betrieblichen Bildung.[19]

3 Betriebliche Bildung als Instrument der Personalentwicklung

Die betriebliche Bildung ist in das enge Geflecht der Instrumentarien der Personalentwicklung eingebettet. Sie wird als Sammelbegriff verstanden unter dem alle zielgerichteten, geplanten betrieblichen Aktivitäten zusammengefaßt werden, die mittels Lernprozessen die Handlungskompetenz der betroffenen Mitarbeiter entwickeln sollen. Sie dient dem Erhalt und der Förderung der Humanressourcen des Unternehmens.[20]

---

[15] Mentzel, W., a. a. O., S. 15.
[16] Münch, J.: Personalentwicklung als Mittel und Aufgabe moderner Unternehmensführung, 1. Aufl., Bielefeld, 1995, S. 15f.
[17] vgl. Becker, M.: Personalentwicklung, 2. überarb. und erw. Aufl., Stuttgart, 1999, S. 158.
[18] vgl. Münch, J., a. a. O., S. 11.
[19] vgl. Hentze, J. a. a. O., S. 315.
[20] vgl. ebenda, S. 330.

Durch die Pluralität und Multifunktionalität der betrieblichen Bildungsaktivitäten sind einerseits verschiedene Definitionen der Bildungsbegriffe zu finden.[21] Andererseits wird die Darstellung betrieblicher Bildung als Instrument der Personalentwicklung hierdurch erheblich erschwert. Abbildung 1 verbindet die Darstellung der institutionellen Zusammenhänge mit der Definition der Bildungsbegriffe.

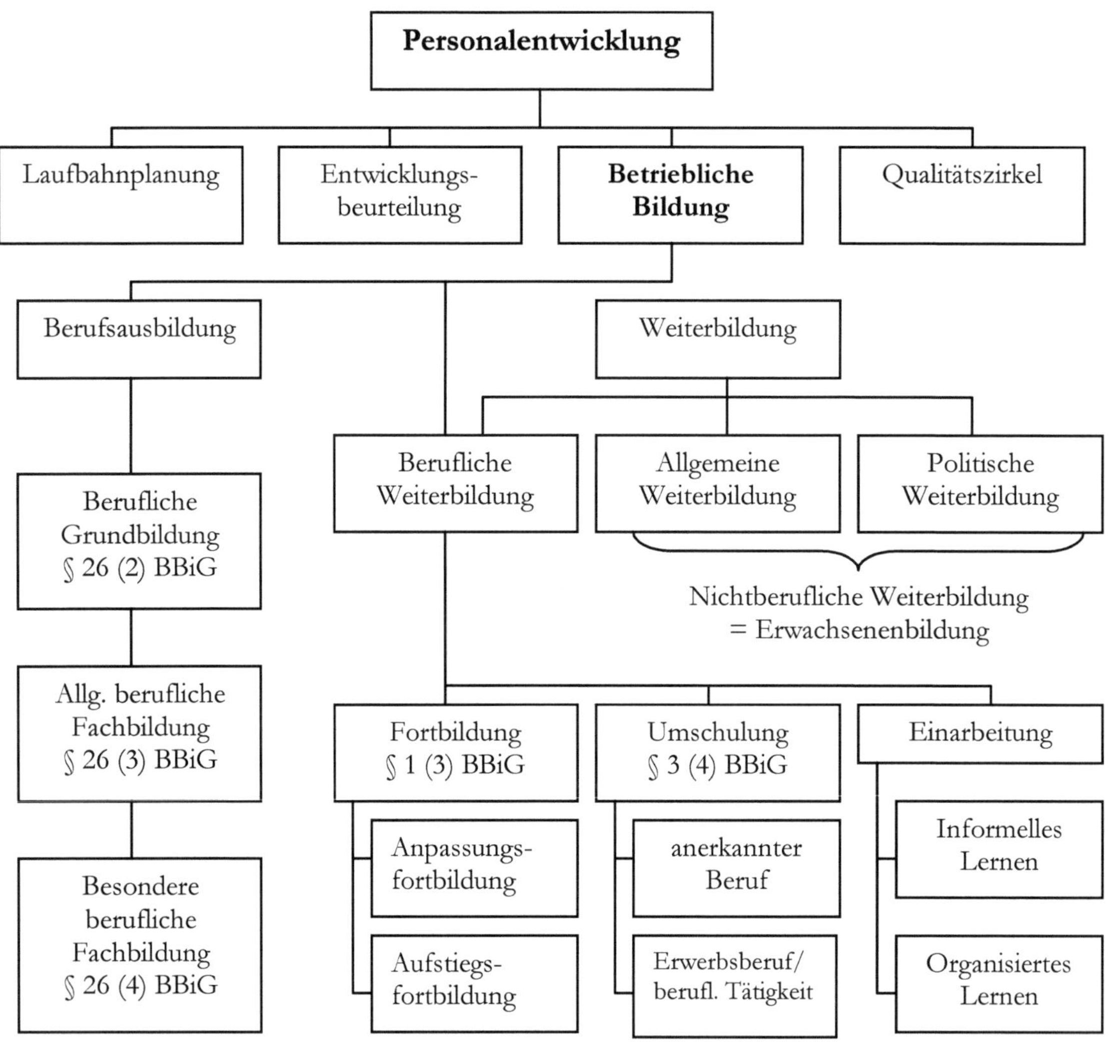

Abb. 1: Institutionelle Zusammenhänge und Definitionen der Bildungsbegriffe.[22] [23]

[21] vgl. Alt, Chr., Sauter, E., Tillmann, H.: Berufliche Weiterbildung in Deutschland, 1. Aufl., Bielefeld, 1994, S. 46f.

[22] vgl. Alt, Chr., Sauter, E., Tillmann, H., a. a. O., S. 46.

[23] vgl. Hentze, J., a. a. O., S 331.

3.1 Berufsausbildung

Mit „Berufsausbildung“ wird die berufliche Erstausbildung bezeichnet.[24] Die Jugendlichen und jungen Erwachsenen schließen für die Ausbildung einen privatrechtlichen Ausbildungsvertrag mit dem ausbildenden Unternehmen. Sie werden zum „Auszubildenden“ oder „Lehrling“. Parallel hierzu ist der Jugendliche zum Besuch einer Berufsschule als „Berufsschüler“ verpflichtet.

Die Struktur dieser beruflichen Bildung in Deutschland wird als „Duales Bildungssystem“ bezeichnet. Die weitestgehend privaten Unternehmen kooperieren bei der Berufsausbildung der Jugendlichen und jungen Erwachsenen mit den öffentlichen Berufsschulen. Nur in Ausnahmefällen findet die Berufsausbildung in öffentlichen oder privaten (staatlich anerkannten) Berufsfachschulen statt.

In seinem Betrieb vermittelt das Unternehmen seinen Auszubildenden und Lehrlingen am Arbeitsplatz, in der Lehrwerkstatt oder im innerbetrieblichen Unterricht auf der Grundlage des Berufsbildungsgesetzes (BBiG) des Bundes die festgelegten Ausbildungsinhalte.

Die Berufsschulen vermitteln allgemeinbildende und berufsrelevante Themen auf der Grundlage der Landesschulgesetze überwiegend im betriebsübergreifenden Klassenunterricht, in der Schulwerkstatt oder im Schullabor.[25]

Die Berufsschulen werden aus öffentlichen Mitteln finanziert. Die betriebliche Ausbildung wird vom ausbildenden Unternehmen getragen. Ebenso übernehmen sie die Personalkosten der Auszubildenden und Lehrlinge.

Durch dieses „Duale System“ kann auch die Forderung des § 1 (2) BBiG erfüllt werden. „Hier wird Berufsausbildung wie folgt definiert: „Die Berufsausbildung hat eine breit angelegte berufliche Grundausbildung und die für die Ausübung einer qualifizierten beruflichen Tätigkeit notwendigen fachlichen Fertigkeiten und Kenntnisse in einen geordnetem Ausbildungsgang zu vermitteln. Sie hat ferner den Erwerb der erforderlichen Beruferfahrungen zu ermöglichen.“ (§ 1 Absatz [2] BBiG).“[26]

Das BBiG unterteilt darüber hinaus die Berufsausbildung im § 26 in die berufliche Grundbildung, die berufliche Fachbildung und die besondere berufliche Fachbildung.[27]

3.2 Berufliche Weiterbildung

Die berufliche Weiterbildung ist bereits in Abbildung 1 skizzenhaft dargestellt, zugeordnet und definiert worden. Die besondere Schwierigkeit liegt hierbei in der Vielfalt der Definitionen. Münch spricht gar von einer „chaotischen Begrifflichkeit“.

[24] vgl. ebenda, S. 337.
[25] vgl. Münch, J. a. a. O., S. 57f.
[26] Hentze, J., a. a. O., S 332.
[27] vgl. ebenda, S. 332f.

Hierin spiegelt sich die Dynamik und insbesondere die Offenheit für neue Entwicklungen und Tendenzen in diesem Bereich wieder.[28]

In jedem Fall werden als berufliche Weiterbildung jene Bildungsmaßnahmen verstanden, die an eine berufliche Erstausbildung anknüpfen.[29]

3.2.1 Arten der beruflichen Weiterbildung

Die berufliche Weiterbildung umfaßt Maßnahmen der Fortbildung, der Umschulung und der Einarbeitung. Weitestgehend übereinstimmende Definitionen sind im BBiG, der Handwerksordnung (HwO) und dem Arbeitsförderungsgesetz (AFG) enthalten. Fortbildung und Umschulung sind neben der Berufsausbildung ein Teil der Berufsbildung.

3.2.1.1 Fortbildung

Als Fortbildung werden all jene Maßnahmen bezeichnet, die bereits vorhandenes berufliches Wissen und Können vertiefen. Das BBiG sagt hierzu in § 1 (3): „Die berufliche Fortbildung soll es ermöglichen, die beruflichen Kenntnisse und Fertigkeiten zu erhalten, zu erweitern, der technischen Entwicklung anzupassen oder beruflich aufzusteigen." Anpassungsfortbildung und Aufstiegsfortbildung werden hierbei deutlich voneinander abgegrenzt.[30]

3.2.1.2 Umschulung

Die berufliche Umschulung umfaßt Maßnahmen, die es einem Erwachsenen ermöglichen sollen, eine neue berufliche Tätigkeit auszuüben. Umschulungsmaßnahmen können wegen eines technisch-wirtschaftlichen Grundes (z. B. drohender Verlust des Arbeitsplatzes durch technischen Fortschritt), als zweite Berufsausbildung oder aus persönlichen Gründen (z. B. Krankheit oder Behinderung) in Form einer Rehabilitationsmaßnahme notwendig werden. Insbesondere durch die Zuordnung der Umschulungsmaßnahmen zur beruflichen Erwachsenenbildung wird die Umschulung deutlich von der an Jugendliche gerichteten ersten Berufsausbildung abgegrenzt.[31] So kann die Umschulung außer zu einer anerkannten Berufsausbildung im Sinne des BBiG (z. B. IT-System-Elektroniker) auch zu einer Qualifikation für eine neue berufliche Tätigkeit führen (z. B. Mitarbeiter in einem „Call-Center").

---

[28] vgl. Alt, Chr., Sauter, E., Tillmann, H., a. a. O., S. 46.
[29] vgl. Hentze, J., S. 337.
[30] vgl. Hentze, J., a. a. O., S. 337.
[31] vgl. Mentzel, W., a. a. O., S. 22.

3.2.1.3 Einarbeitung

Neben dem unorganisierten „learning-by-doing“ in Form des informellen Lernens (z. B. Computernutzung) ist hier vor allem das organisierte Lernen in Form des „training-on-the-job“ bekannt. Neben dem Anlernen sind unter dem Begriff der Einarbeitung auch Praktika und Volontariate, Traineeprogramme und Qualitätszirkel zu subsummieren.

3.2.2 Ziele der beruflichen Weiterbildung

Entgegen früherer Ziele, wie dem Erwerb von berufs- oder tätigkeitsrelevanten Qualifikationen, sollen Mitarbeiter heute durch Weiterbildung Kompetenzen erwerben, die es dem Unternehmen ermöglichen, gegenwärtige und zukünftige Aufgaben wettbewerbsfähig zu lösen. Eine Umfrage, die Maisberger 1996 bei 200 Unternehmen durchführte, zeigt diese Entwicklung deutlich (s. Abbildung 2).[32]

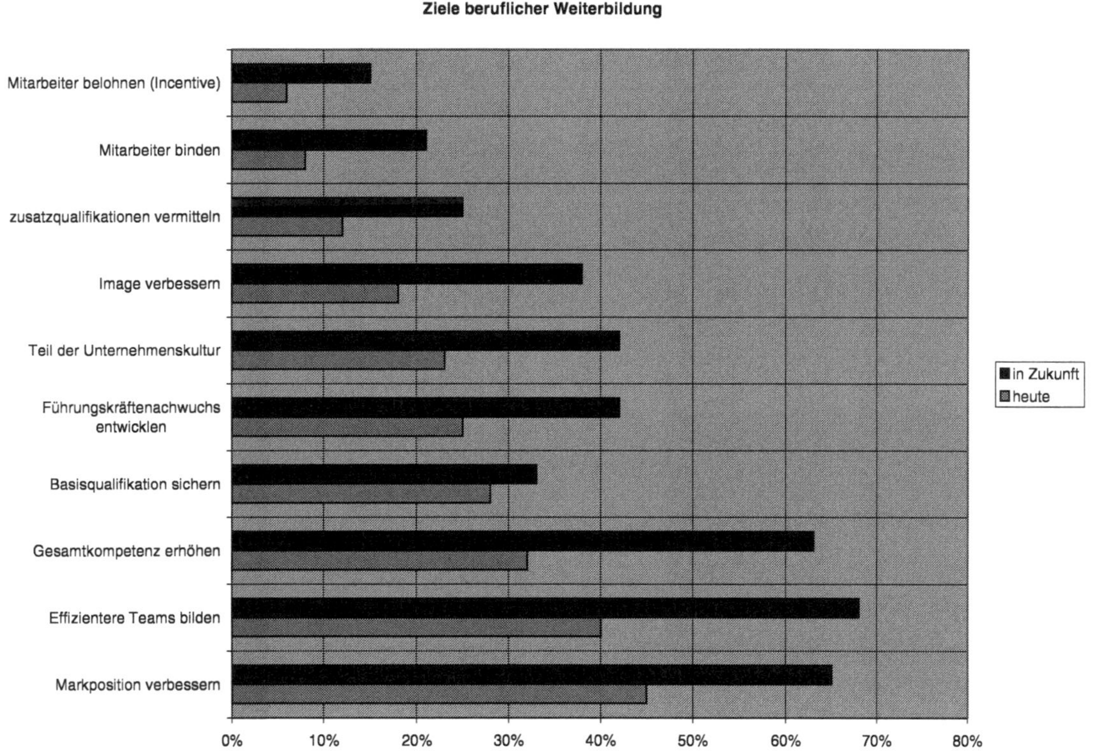

Abb. 2: Ziele beruflicher Weiterbildung.[33]

[32] vgl. Becker, M.: Personalentwicklung - Bildung, Förderung, und Organisationsentwicklung in Theorie und Praxis, 2. überarb. und erw. Aufl., Stuttgart, 1999, S. 174f.

[33] vgl. Becker, M., a. a. O., S. 174f.

3.2.3 Formen der beruflichen Weiterbildung

Die vielfältigen Formen der beruflichen Weiterbildung werden in der Abbildung 3 dargestellt.

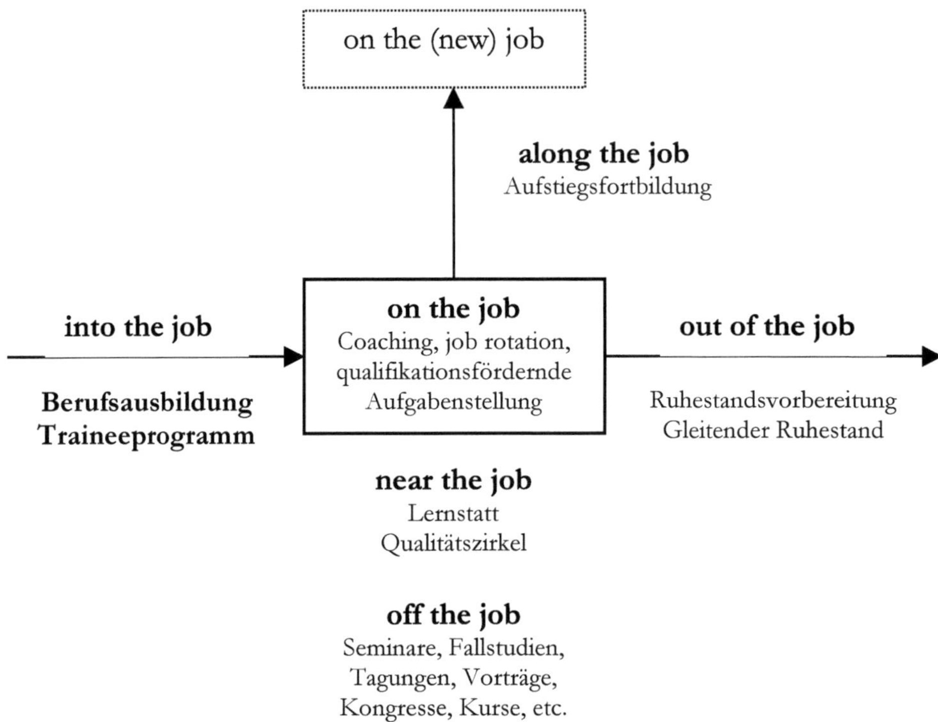

Abb. 3: Darstellung der Personalentwicklungsmaßnahmen. [34]

3.3 Abgrenzung

In dieser Arbeit wird das Bildungscontrolling im Rahmen der Personalentwicklung dargestellt. Insbesondere durch die Dualität in der Berufsausbildung bedarf es der scharfen Abgenzung zum berufsschulischen Ausbildungsanteil. Diese staatliche Aufgabe im Kontext des Bildungscontrolling an dieser Stelle beleuchten zu wollen, würde den Rahmen der Arbeit sprengen. Daher wird die Darstellung auf die Bereiche der betrieblichen Aus- und Weiterbildung beschränkt.

[34] vgl. Scholz, Chr., a. a. O., S. 255.

4 Controlling in der Personalwirtschaft

Bis Mitte der 80er Jahre haben Controllingaspekte in der personalwirtschaftlichen Literatur nur eine stark untergeordnete bzw. vernachlässigte Rolle eingenommen.[35] Erst Ende der 80er Jahre stehen in der deutschsprachigen Literatur erste Veröffentlichungen zum Personalcontrolling u. a. von Wunderer/Sailer, Potthoff/Trescher, Kammel, Hoss und Scholz zur Verfügung (s. Literaturverzeichnis). Gleichwohl herrschen in Wissenschaft und Praxis keine Einigkeit über Definitionen, Ziele und Aufgaben des Controlling.[36] In diesem Abschnitt sollen der Controllingbegriff überblickartig dargestellt und verschiedene Definitionen vorgestellt werden, um im weiteren Verlauf die für das Bildungscontrolling relevanten Teile besser herausarbeiten zu können.

4.1 Terminologisch-konzeptionelle Grundlagen des Controlling

Der Begriff „Controlling" geht vermutlich auf die Verwendung am englischen Königshof im 12.-15. Jahrhundert zurück. Der „contre-role" war damals zuständig für die Ein- und Auszahlungen des Hofes. Die Regierung der USA hat den Begriff „Comptroller" 1778 für ihren „Finanzminister" verwendet. Die ursprünglichen Aufgaben des Controlling lassen sich also auf Kontroll- und Überwachungsaufgaben im Rahmen eines Rechnungswesens beschränken. Auch nach der Übernahme des Controllingbegriffs von der US-amerikanischen Wirtschaft hatte das „Controlling" bis 1920 die Aufgabe der vergangenheitsorientierten Darstellung der Vorgänge.

Nach 1920 wurde Controlling auch als Entscheidungs- und Führungsinstrument genutzt. Ab Mitte der 70er Jahre fand Controlling auch Einzug in den westeuropäischen Großunternehmen, vornehmlich, um den Überblick in der immer größer werdenden Komplexität der Unternehmen und ihrer Umwelt nicht zu verlieren. Arbeitsteilung und Spezialisierung führten zu einem wachsenden Bedarf an Koordination. Controlling entwickelte sich zu einem Instrument der Unternehmensführung.[37] [38] „Controlling" kann heute nicht mehr einfach mit „Kontrolle" übersetzt werden. Die Kontrolle stellt nur einen Teilbereich des Controlling dar.[39] Kontrolle bedeutet zu reagieren, Controlling stellt ein agieren im strategischen Sinne dar.[40] Freimuth und Meyer gehen sogar davon aus, daß defensive Verhaltensmuster, mikropolitische Strategien und damit das Gegenteil der beabsichtigten Wirkungen, nicht Erfolgssteuerung, sondern Wahrheitsbewirtschaftung entsteht, wenn Controlling den Charakter von Kontrolle bekommt.[41]

---

[35] vgl. Hoss, G.: Personalcontrolling im industriellen Unternehmen (Diss.), Krefeld, 1989, S. 7.

[36] vgl. Hentze, J., Kammel, A.: Personalcontrolling, 1. Auflage, Stuttgart, 1993, S. 19.

[37] vgl. Weber, J.: Einführung in das Controlling, 7.vollst. überarb. Auflage, Stuttgart, 1998, S. 2ff.

[38] vgl. Horváth, P.: Controlling, 7. vollst. überarb. Aufl., München, 1998, S. 29f.

[39] vgl. Hentze, J., Kammel, A., a. a. O., S. 19.

[40] vgl. Becker, M., a. a. O., S. 58.

[41] vgl. Freimuth, J., Meyer, A.: Evaluation und Personalentwicklungscontrolling – ein Eiertanz zwischen Legitimation, Wissenschaftlichkeit und Pragmatismus, in: Freimuth, J., Haritz, J., Kiefer B.-U. (Hrsg.): Auf dem Wege zum Wissensmanagement, Göttingen, 1997, S. 180.

Das Controlling entwickelte sich also in mehreren Stufen. Jede Stufe hat ihren Controllertyp. Schulte unterscheidet den

historisch-buchhaltungsorientierten Typ
„mit der Hauptaufgabe in der Einhaltung externer und interner Rechnungslegungsvorschriften“[42], den

zukunfts- und aktionsorientierten Typ
mit der primären Rolle, „Wirtschaftlichkeitsprüfungen betrieblicher Prozesse durchzuführen und kostenorientierte Verbesserungsvorschläge einzubringen“[43] und den

managementorientierten Typ
mit der Ausrichtung „auf die Bereitstellung eines umfassenden Planungs-, Überwachungs- und Informationssystems.“[44]

Heute wird der Controller bildhaft als „Lotse“ oder „Navigator“ eines „Riesendampfers“ (Unternehmen) umschrieben. Er steuert hauptsächlich und kontrolliert nur den Kurs, der vom „Kapitän“ (Management) vorgegeben ist.[45] Beim Controlling handelt es sich letztlich um eine Koordinierungsfunktion im arbeitsteiligen Führungssystem mittels kontinuierlichen Soll-Ist-Vergleichs. Dem Modell des Regelkreises kommt hierbei eine zentrale Bedeutung zu. In Abbildung 4 wird der Regelkreis mit den Tätigkeiten Planung – Realisation – Ist-Erfassung - Kontrolle – Planung – usw. dargestellt.[46] Dabei können die bei der Ist-Erfassung gewonnenen Erkenntnisse über die Abweichung von der Soll-Planung durch Maßnahmen der Feedback-Kontrolle oder der Feedforward-Kontrolle korrigiert werden (s. Abb. 4).[47]

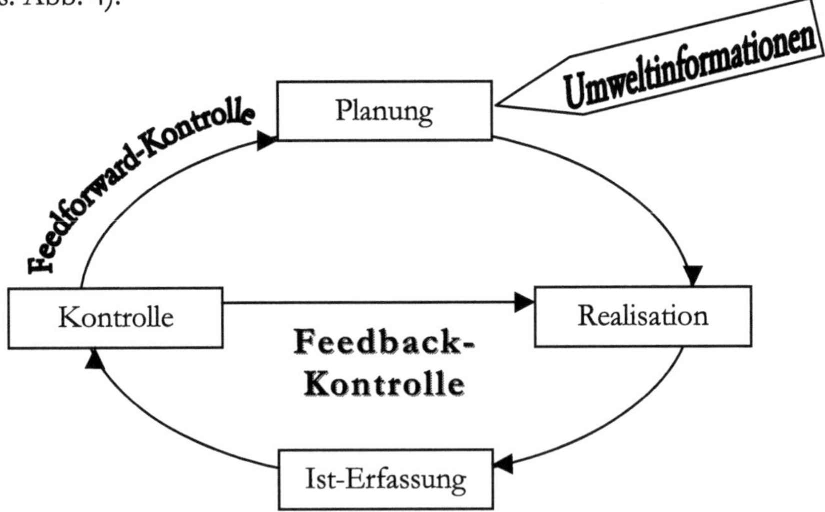

Abb. 4: Darstellung des Planungs- und Kontrollregelkreises.[48]

[42] Schulte, Chr.: Personalcontrolling mit Kennzahlen, 1. Aufl., München, 1989, S. 2.
[43] Schulte, Chr., ebenda.
[44] Schulte, Chr., ebenda.
[45] vgl. Becker, M., a. a. O., S. 69.
[46] vgl. Gerlich, P.: Controlling von Bildung, Evaluation oder Bildungs-Controlling? (Diss.), 1. Aufl., Mering, 1999, S. 4f.
[47] vgl. Hentze, J., Kammel, A., a. a. O., S. 14f.
[48] vgl. Weber, J.: a. a. O., S. 152.

Auf eine allgemein anerkannte „geschlossene Controllingtheorie“ kann jedoch vor allem für das Personalcontrolling nicht zurückgegriffen werden. Eine Personalcontrollingtheorie wird in unterschiedlichen Ausprägungen in der Literatur nur vereinzelt dargestellt.[49] [50] Trotzdem gibt es übereinstimmende Merkmale in jeder der modernen Controllingdefinitionen. Diese sind in Tabelle 1 darstellt. [51]

Merkmale moderner Controllingdefinitionen	
Controllingmerkmal	Erläuterungen
Rationalität	Controlling ist ein zielgerichtetes, methodisch-systematisches Vorgehen
Unterstützungscharakter	Unmittelbares Ziel des Controlling ist die Verbesserung der Gesamtzielerreichung
Informationsversorgender Charakter	Controlling ist ein komplexer Informationsprozeß
Koordinierender Charakter	Controlling koordiniert Planung, Kontrolle und Informationsversorgung
Zukunfsbezogenheit	Controlling dient der prospektiven Gestaltung der Zukunft
Konstanz	Controlling ist ein fortlaufender Prozeß

Tabelle 1[52]

4.2 Personalcontrolling als Teil des Unternehmenscontrolling

Personalcontrolling findet in verschiedenen Unternehmensbereichen als Teil des Unternehmenscontrollings Zugang. [53] Controlling im Personalwesen soll das ökonomische Handeln und Entscheiden der Verantwortlichen im Personalbereich fördern.[54] Dies ist im Vergleich zu anderen Unternehmensbereichen hier besonders schwierig, da sich die Frage nach der Bewertbarkeit stellt. Der unternehmerische Nutzen einer personalwirtschaftlichen Maßnahme ist nicht immer meßbar. Hinzu kommt, daß das Personalwesen an unterschiedlichen Stellen im Unternehmen angesiedelt sein kann. Vor dem Hintergrund dieser Probleme ist die Entwicklung eines Personalcontrollingkonzepts schwierig. Es stehen aber verschiedene Personalcontrollingansätze zur Verfügung. Die wichtigsten Ansätze sind in Tabelle 2 aufgeführt.

[49] vgl. Hoss, G., a. a. O., S. 5.
[50] vgl. Gerlich, P., a. a. O., S. 79f.
[51] vgl. Hentze, J., Kammel, A., a. a. O, S. 19.
[52] vgl. Hentze, J., Kammel, A., ebenda, S. 19f.
[53] vgl. Deyhle, A.: Weiterbildungs-Controlling: Controller´s view, in: Landsberg, v. G., Weiß, R. (Hrsg.): Bildungscontrolling, 2. überarb. Aufl., Stuttgart, 1995, S. 5.
[54] vgl. Wunderer, R., Sailer, M.: Die Controlling-Funktion im Personalwesen – Teil 1, in: Personalführung 7/87, S. 505.

Übersicht verschiedener Personalcontrollingansätze	
Personal-Controlling-Ansatz	Erläuterungen
Primär passiv-vergangenheits-orientierte Erfolgskontrolle (nach Hauser)	Evaluation von Erfolg oder Mißerfolg nach Realsierung verschiedener Maßnahmen und Einleitung von Korrekturmaßnahmen in Sinne einer Feedback-Kontrolle
Branchenbezogener Ansatz auf operativer und taktischer Ebene (nach Hoss)	Kosten- und Wirtschaftlichkeitsaspekte stehen - an den „3-Ebenen-Ansatz" angelehnt - im Vordergrund
„Kennzahlensystem" Infomations- und kennzahlenorientierter Ansatz (nach Schulte)	Aufarbeitung und Informationsweiterleitung erfolgt mittels Kennzahlen
Umfassendes Planungs- und Steuerungskonzept (nach Potthoff/Trescher)	Stellt Identität zwischen Personalwirtschaft und Personalcontrolling her
Evolutionärer Lernprozeß (nach Marr)	Personalcontrolling als Teil eines strategischen Managementsystems in einer Organisation
„3-Ebenen-Ansatz" Kosten-, wirtschaftlichkeits- und erfolgsanalytischer Ansatz (nach Wunderer/Sailer)	Erhebung der Kostenstruktur und –entwicklung sowie Ermittlung der Effektivität und der Effizienz.
Ansatz des „Human-Resource-Accounting"	Personal wird als langfristig nutzbares Anlagegut im Rahmen einer Investitionsrechnung bewertet
Controlling im Funktionszyklus (nach Becker)	Controlling wird in den Funktionszyklus betrieblicher Abläufe integriert.

Tabelle 2[55] [56]

4.3 Bildungscontrolling als Teil des Personalcontrolling

Erste Ansätze zur Forschung und Lehre der „Ökonomie des Bildungswesens", begründet vom Nestor der deutschen Bildungsökonomie, Friedrich Edding, gehen auf die Jahre 1953 bis 1963 zurück.[57] Über den Versuch, Bildung und Controlling miteinander zu verbinden, berichteten Papmehl und Baldin, von Landsberg und Weiß in der deutschsprachigen Literatur erstmals Ende der 80er Jahre.[58] Unter Bildungscontrolling wird das Controlling der betrieblichen Bildung verstanden. Bildungscontrolling ist - vor allem unter funktionellen Gesichtspunkten - als Bestandteil des Personalcontrollings zu betrachten. Unter Einbeziehung der strategischen Ausrichtung des Bildungscontrolling wird vor allem im Planungsbereich (Ausbildungsbedarf, Qualifizierungsbedarf) eine direkte Verbindung gesehen. Roeder weist mit einer Untersuchung zum Personal-controlling 1994 darauf hin, daß der größte Handlungsbedarf (38 %) im Bereich der Personalentwicklung besteht.[59]

55 vgl. Hentze, J., Kammel, A., a. a. O., S. 20ff.

56 vgl. Gerlich, P., a. a. O., S. 27f.

57 vgl. Edding, F.: Ökonomie des Bildungswesens, 1. Aufl., Freiburg, 1963, S. 414.

58 siehe Literaturverzeichnis.

59 vgl. Roeder, H.: Personal-Controlling: Der Stand der Dinge, in: PERSONAL, Heft 6/1994, S. 238.

Diese Idee, die geisteswissenschaftliche Pädagogik mit dem wirtschaftswissenschaftlichen Controlling zu verbinden, wurde von Beginn an heftig kritisiert - vor allem aus den Reihen der Pädagogen. Von Landsberg und Weiß vertreten dennoch die Auffassung: "Ohne Ökonomität keine Bildung und ohne Bildung keine Ökonomität! Bildung bedarf der Ökonomität und Ökonomität bedarf der Bildung."[60] Ein akademischer Zwist zwischen Ökonomie und Pädagogik macht keinen Sinn. Er beruht auf Mißverständnissen und daraus resultierenden Ängsten, wenn Controlling mehr unter Kostensenkungsaspekten als unter Nutzensteigerungsaspekten verstanden wird. „Beim Bildungs-Controlling geht es (aber) immer darum, den Nutzen der Bildung zu steigern."[61]

Dennoch stellt Maisberger 1993 in einer empirischen Untersuchung zu Planung, Bedarfsermittlung, Kosten, Wirtschaftlichkeit und Erfolg der Bildungs- und Personalentwicklungsarbeit fest, daß Bildungscontrolling mit 43,3 % schwerpunktartig beim Kostenencontrolling liegt.[62] Eine Situation, die den wirklichen Anspüchen an Bildungscontrolling nicht gerecht wird, denn: "Bildungscontrolling ist eine bimentale Affäre: Betriebswirtschaftliches und pädagogisch-psychologisches Wissen sind zugleich erforderlich."[63]

Um die Akzeptanz des Bildungscontrolling in einem Unternehmen zu erreichen, bedarf es deshalb um so mehr einer konzeptionellen Absicherung und Transparenz. Wunderer empfiehlt, das Bildungscontrolling als Teilstrategie konzeptionell in das Personal-controlling und dieses in das übergeordnete Unternehmenscontrolling zu integrieren.[64]

4.4 Abgrenzung

In den folgenden Abschnitten sollen zunächst jene Controllingansätze, die im Rahmen eines Bildungscontrolling Verwendung finden, überblickartig dargestellt werden. Es folgt die detaillierte Abbildung der praxisrelevanten Elemente des prozeßorientierten Bildungscontrolling. Als Ergebnis wird abschließend das Modell eines prozeßorientiert-ganzheitlichen Bildungscontrolling-Konzepts vorgestellt.

Das allgemeine Controlling steht nicht im Focus dieser Arbeit. Auf eine umfassende Darstellung der verschiedenen Controllingtheorien und -ansätze wird daher bewußt verzichtet.

---

[60] Landsberg, v. G., Weiß, R.: Was uns bewegt!, in: Landsberg, v. G., Weiß, R. (Hrsg.): Bildungscontrolling, 2. überarb. Aufl., Stuttgart, 1995, S. 3.

[61] ebenda.

[62] vgl. Becker, M., a. a. O., S. 64.

[63] Landsberg, v. G.: Bildungscontrolling ist Controllerbildung, in: Siegwart, H. u. a. (Hrsg.): Management Controlling – Meilensteine im Management, 1. Aufl., Stuttgart, 1990, S. 281.

[64] vgl. Becker, M., a. a. O., S. 68.

5 Bildungscontrollingrelevante Ansätze des Personalcontrolling

In diesem Kapitel werden drei verschiedene Ansätze des Personalcontrolling unter Aspekten des Bildungscontrolling dargestellt. Hierbei wird nochmals deutlich, daß Bildungscontrolling als ein Bestandteil des Personalcontrolling zu verstehen ist.

5.1 Drei-Ebenen-Ansatz

Zur Lösung des Problems, personalwirtschaftliche Erfolgsfaktoren erfaßbar zu machen, schlagen Wunderer und Sailer ein Personalcontrollingkonzept auf drei Ebenen vor:[65]

- Kosten-/Kalkulatorisches Controlling,
- Effektivitäts-/Rentabilitäts-Controlling,
- Effizienz-/Wirtschaftlichkeits-Controlling.

Dieses Konzept läßt sich auch auf das Bildungscontrolling anwenden.[66] In Tabelle 3 sind die drei Ebenen überblickartig abgebildet. Ursprünglich wurde der 3-Ebenen- Ansatz Ende der 80er Jahre zur Förderung von Denken, Handeln und Entscheiden im Personalbereich vorgestellt. Die Kosten- und Wirtschaftslichkeitsanalysen werden hierbei von Wunderer/Sailer durch das Rentabilitätscontrolling (Erfolgscontrolling) ergänzt.[67]

Die einzelnen Ansätze werden in den folgenden Abschnitten detaillierter behandelt.

Drei-Ebenen-Ansatz auf das Bildungscontrolling bezogen			
	Kosten-/ Kalkulatorischer Ansatz	**Effizienz-/ Wirtschaftlichkeits-Ansatz**	**Effektivitäts-/ Rentabilitäts-Ansatz**
Aufgaben	Informationen über – Entwicklung und Struktur der Bildungskosten – Kostenentwicklung und Kostenstruktur d. Bildungsabteilung	- Überwachung, Analyse und Optimierung des Ressourceneinsatzes in der Bildungsarbeit –Analyse des Rationalisierungspotentials im Bildungsbereich	- Ökonomische Rechtfertigung der Bildungsarbeit (Rentabilitätsbeweis) –Definition von Erfolgskriterien für die Bildungsarbeit
Planungsgrößen	- Summen der Bildungskostenarten je Planungsperiode (Kostenarten-Budget) –Summe der Kostenarten der Bildungsabteilung (Kostenstellen-Budget) je Planungsperiode	- Soll-Kosten der einzelnen Bildungsprozesse	- Arbeitsproduktivität (direkt) –Indikatorwerte/ Kennzahlen (indirekt)

65 vgl. Wunderer, R., Sailer, M.: Instrumente und Verfahren des Personalcontrolling, in: controller-magazin, 6/1987, S. 287ff.

66 vgl. Gerlich, P.: a. a. O., S. 45.

67 vgl. Hentze, J., Kammel, A., a. a. O., S. 21f.

	Kosten-/ Kalkulatorischer Ansatz	Effizienz-/ Wirtschaftlichkeits-Ansatz	Effektivitäts-/ Rentabilitäts-Ansatz
Sichtweise der Personalarbeit	- Bildung als Kostenfaktor – Bildungsabteilung als Kostenstelle	Bildungsarbeit als innerbetriebliche Servicefunktion	- Personalarbeit als Investition –Human-Ressourcen sind Human-Kapital
Erfolgskriterien	- Einhaltung des Budgets –Beitrag zum finanzwirtschaftlichen Gleichgewicht	Minimierung des Ressourceneinsatzes für Bildungsprozesse	Optimierung von Rentabilität der Investitionen in der Bildungarbeit (Langfristperspektive)
Planungs- und Kontrollperioden	Budgetierungszeitraum (Monat, Jahr)	Siehe Kostenrechnung	- Abhängig von der Wirkungsverzögerung beim Transfer –Langfristperspektive (> 12 Monate)

Tabelle 3[68]

5.1.1 Kosten-/Kalkulatorisches Controlling

Die Kosten für Bildungsmaßnahmen sind eine wesentliche Komponente innerhalb der Gesamtkosten der Personalentwicklung. Wichtig ist hierbei für die Verantwortlichen, den Überblick über die in einer Periode oder im Rahmen einer Bildungsmaßnahme entstehenden Kosten nach ihrer Art und Höhe zu behalten.[69] Um die anfallenden Informationen verarbeiten zu können, bedarf es nach den Regeln der Kostenrechnung der Differenzierung nach Kostenarten, Kostenstellen und Kostenträgern.[70]

5.1.1.1 Kostenarten

Je nach Unternehmen sind die Kostenarten am vorhandenen Kostenartenplan des Unternehmens auszurichten. Je nach Art der Bildungsmaßnahme fallen unterschiedliche Kostenarten an (Personal-, Sach- und sonstige Kosten).[71] [72] Die Kostenarten der drei häufigsten Bildungsmaßnahmenarten werden hier exemplarisch dargestellt und erläutert.

[68] vgl. Hentze, J., Kammel, A., a. a. O., S.21ff.
[69] vgl. Mentzel, W., a. a. O., S. 223ff.
[70] vgl. Gerlich, P., a. a. O., S. 43.
[71] vgl. ebenda.
[72] vgl. Rationalisierungs-Kuratorium der Deutschen Wirtschaft (Hrsg.): RKW-Handbuch Personalplanung, 2. Aufl., Neuwied, 1990, S. 436ff.

5.1.1.1.1 Kosten für externe Maßnahmen (off-the-job)

Bei externen Bildungsveranstaltungen (Seminaren, Kongressen, Tagungen, etc.) fallen folgende Kostenarten an: [73]

- Teilnahmegebühren/Seminargebühren, Kosten für Arbeitsunterlagen,
- Reisespesen (pauschal oder per Nachweis erfaßbar),
- Kosten für Unterkunft und Verpflegung (pauschal oder per Nachweis erfaßbar),
- Verwaltungskosten der Personal- oder Bildungsabteilung (z. B. anteilig als Fixkosten erfaßbar),
- ggf. Kosten für ausgefallene Arbeitszeit der Bildungsteilnehmer,
- ggf. Opportunitätskosten wegen Minderleistung während der Bildungsmaßnahme.

Obwohl die Kosten für ausgefallene Arbeitszeit der Bildungsteilnehmer im Regelfall die bedeutenste Kostenposition darstellt, verzichten viele Unternehmen darauf, diese Kosten zu erfassen. Häufig wird der bildungsbedingte Ausfall durch die existierenden Vertretungsregelungen (wie bei Krankheits- oder Urlaubsausfällen) kompensiert. In diesen Fällen wurden Ausfälle durch Teilnahme an Bildungsmaßnahmen bereits im Rahmen der Personalbedarfsermittlung bei den Ausfallzeiten berücksichtigt. Die Folge ist jedoch, daß im Rahmen der Effizienz-/Wirtschaftslichkeits-Analyse die Wirtschaftlichkeit einzelner Bildungsmaßnahmen nicht einwandfrei beurteilt werden kann.[74] Vor allem bei Mitarbeitern, die nicht direkt in den Produktionsprozeß eingebunden sind (Management, Verwaltung, etc.), ist die Erfassung dieser Opportunitätskosten häufig nur schwer, meistens aber gar nicht möglich. Opportunitätskosten sind die Kosten für Minderleistungen, die dem Unternehmen - in diesem Fall durch Produktionsausfall infolge der Teilnahme an einer Bildungsmaßnahme – entstehen.[75]

Feige hingegen vertritt die Auffassung, daß Arbeitsausfallkosten für die Teilnahme an Bildungsmaßnahmen nicht erfaßt werden dürfen, da sie - als Investition betrachtet - eine Arbeitsaufgabe sind.[76]

Außerdem zu berücksichtigen ist die Frage, ob und wenn ja, wie Bildungsmaßnahmen zu erfassen sind, die nicht während der regulären Arbeitszeit stattfinden.

5.1.1.1.2 Kosten für interne Maßnahmen (off-the-job)

Bei internen off-the-job-Bildungsmaßnahmen (Seminaren, Fallstudien, Kurse, etc.) fallen folgende Kostenarten an: [77]

- Honorare und Spesen externer Referenten,
- Personalkosten interner Referenten,

---

[73] vgl. Scholz, Chr., a. a. O., S. 255.
[74] vgl. Mentzel, W., a. a. O., S. 226f.
[75] vgl. ebenda.
[76] vgl. Gerlich, P., a. a. O., S. 44.
[77] vgl. Scholz, Chr., a. a. O., S. 255.

- Raumkosten,
- Kosten für Lehrmittel,
- Kosten für Auslagen und Spesen,
- Verwaltungskosten der Personal- oder Bildungsabteilung (z. B. anteilig als Fixkosten),
- ggf. Kosten für ausgefallene Arbeitszeit der Bildungsteilnehmer,
- ggf. Opportunitätskosten wegen Minderleistung während der Bildungsmaßnahme.

Die Personalkosten interner Referenten sind incl. der notwendigen Vor- und Nachbereitungszeiten anteilig zu erfassen. Hierbei kann der Ausfallkostensatz je Stunde (s. u.) verwendet werden.

Werden für die Bildungsmaßnahme Räume genutzt, die der Bildungsabteilung zugeordnet sind, werden diese im Rahmen der Fixkosten für Verwaltung anteilig erfaßt. Raumkosten fallen nur dann an, wenn Räume speziell für eine Bildungmaßnahme extern angemietet werden (z. B. Tagungsstätte) oder von anderen Unternehmensbereichen extra für die Bildungsmaßnahme zur Verfügung gestellt werden (z. B. Sitzungszimmer des Vorstands).

Kosten für Lehrmittel (z.B. Bücher, Skripte, Notizmappen) können als reine Kopierkosten über die Verwaltungsfixkosten erfaßt oder einzeln ausgewiesen werden. Die Kosten für Auslagen und Spesen im Rahmen interner Bildungsmaßnahmen sind abhängig vom Veranstaltungsort (im Betrieb oder in einem Tagungszentrum) und verschiedenen andern Determinanten (z. B. Gibt es eine Kantine? Sind Fahrtkosten entstanden?)[78]

5.1.1.1.3 Kosten für interne Maßnahmen (on-the-job)

Bei internen on-the-job-Bildungsmaßnahmen (Coaching, Transfersicherung, etc.)[79] fallen folgende Kostenarten an:

- Personalkosten des Vorgesetzten oder Trainers als Coach,
- Verwaltungskosten der Personal- oder Bildungsabteilung (z. B. anteilig als Fixkosten),
- ggf. Kosten für ausgefallene Arbeitszeit der Bildungsteilnehmer,
- ggf. Opportunitätskosten wegen Minderleistung während der Bildungsmaßnahme.

Die Personalkosten des Vorgesetzten als Coach hier zu erfassen, wäre nur bei genauester, jedoch unpraktikabler Zeiterfassung über den Ausfallkostensatz möglich. Darüber hinaus ist zu berücksichtigen, daß Personalentwicklung - und damit auch ein Coaching - als Führungsaufgabe verstanden, zu den originären Aufgaben eines Vorgesetzten gehört. Es wird daher in der Praxis in den meisten Fällen auf eine Erfassung dieser Kosten verzichtet. Beim Einsatz eines Trainers als Coach ist bei internen Trainern der Ausfallkostensatz zu erfassen, bei externen Trainern das Honorar.

Für die Kosten durch Ausfall der Arbeitszeit während der Bildungsmaßnahme und Opportunitätskosten gilt bei on-the-job-Maßnahmen grundsätzlich das gleiche, wie bei off-the-job-Maßnahmen (s. o.).[80]

---

[78] vgl. Mentzel, W., a. a. O., S. 228f.
[79] vgl. Scholz, Chr., a. a. O., S. 255.
[80] vgl. Mentzel, W., a. a. O., S. 229f.

5.1.1.2 Exkurs: Kennzahlen im Rahmen des Kosten-Controlling

Entsprechend dem „Informations- und kennzahlenorientierten Ansatz“ nach Schulte kann man bei dem Kosten-Controlling-Ansatz Kennzahlen hilfreich einsetzen. Sie dienen vor allem bei der Budgetierung (s. u.).

Der Ausfallkostensatz je Stunde dient der Erfassung der Ausfallkosten für den Zeitraum der Teilnahme an einer Bildungsmaßnahme.[81]

Formel:

$$\text{Ausfallkostensatz je Stunde} = \frac{(\text{Jahresentgelt} + \text{Sozialkosten})}{\text{durchschn. Jahresarbeitstage x tägliche Arbeitszeit}}$$

Die Weiterbildungskosten pro Tag und Teilnehmer ermöglichen einen Soll-Ist-Vergleich. Außerdem können Sie beim Vergleich der Kosten alternativer Bildungsmaßnahmen von Bedeutung sein. Sie dienen darüber hinaus der Einhaltung einer für die Periode vereinbarten Wachstumsrate.[82]

Formel:

$$\text{Weiterbildungskosten pro Teilnehmertag [DM/TNTag]} = \frac{\text{Summe der Weiterbildungskosten}}{\text{Anzahl der TN x Anzahl der Tage}}$$

Die jährliche Weiterbildungszeit gibt als Maß für die Intensität der Weiterbildung Hinweise auf die zu erwartende Nachfrage nach Bildungsangeboten in der nächsten Periode. Hieran kann die Bildungsplanung ausgerichtet werden.[83]

Formel:

$$\text{Jährliche Weiterbildungszeit [Tage/MA]} = \frac{\text{Gesamtzahl der Weiterbildungstage}}{\text{Gesamtzahl der Mitarbeiter}}$$

Kostenstellen

„Die Einrichtung von Kostenstellen muß sich am organisatorischen Aufbau orientieren.“[84] Von Bedeutung ist hierbei die organisatorische Ansiedlung des Bildungswesens im Unternehmen (s.u.). „Die Verrechnung der Bildungskosten im allgemeinen Betriebsabrechnungsbogen (BAB) ist verhältnismäßig einfach.“[85] Die einer Bildungsmaßnahme direkt zuordnungsfähigen Kosten werden als „Bildungskosten“ direkt

[81] vgl. Mentzel, W. a. a. O., S. 227.
[82] vgl. Schulte, Chr., a. a. O., S. 98.
[83] vgl. Schulte, Chr., a. a. O., S. 96.
[84] Gerlich, P., a. a. O., S. 43.
[85] Mentzel, W., a. a. O., S. 231.

der jeweiligen Kostenstelle zugeordnet. Bildungskosten, die nicht direkt zuordnungsfähig sind, werden über die Hilfskostenstelle „Bildungskosten" verrechnet. Mittels eines geeigneten Verteilungsschlüssels werden die Kosten am Ende der Periode auf die übrigen Kostenstellen verteilt. Ein Beispiel für einen BAB für Bildungsarbeit ist in Abbildung 5 dargestellt.

5.1.1.3 Kostenträger

Häufig sind die Kosten nicht eindeutig einem Kostenträger zuzuordnen (z.B. Managementschulung, Telefontraining, Ausbildungskosten). In diesen Fällen muß mit Verrechnungsschlüsseln gearbeitet werden. In den übrigen Fällen können die Kosten häufig direkt einem Kostenträger zugeordnet werden.

5.1.2 Effektivitäts-/Rentabilitäts-Controlling

Im Rahmen des Effektivitäts- und Rentabilitätscontrollings ist folgende Frage zu klären:

„Tun wir die richtigen Dinge?"[86]

Unter Effektivitäts-Controlling wird der erfolgsbezogene Zielerreichungsgrad einer Bildungsmaßnahme verstanden:[87]

$$\text{Effektivität}^{88} = \frac{\text{Nutzenoutput}}{\text{Bildungseinheiten}}$$

Diese Formel läßt vermuten, daß sich die Effektivität einer Maßnahme in Zahlen fassen ließe. Dies ist jedoch nur in einem sehr begrenzten Maße möglich und Freimuth/Meyer fragen gar: „Messen, was meßbar ist - meßbar machen, was nicht meßbar ist?"[89] Zur Ermittlung der Effektivität einer Bildungsmaßnahme stehen also überwiegend qualitative Verfahren zur Verfügung.[90] Diese Verfahren werden auch als Evaluation bezeichnet.[91] Zur Anwendung kommen hier u. a.:[92]

- Eingangs- und Ausgangstest der Teilnehmer,
- Seminarbeurteilungsbögen der Teilnehmer,
- Seminarbeurteilung durch den Referenten,
- Gespräche/Interviews zwischen Teilnehmern und Referenten,
- Gespräche/Interviews zwischen Teilnehmern und Vorgesetzten,
- Personalportfolios,
- Personalbilanz.

---

[86] vgl. Bracht, R., Kalmbach, A., a. a. O., S. 26
[87] vgl. Thom, N., Blunck, T., a. a. O., S. 40.
[88] vgl. Feige, W.: Bildungscontrolling – Anspruch und Wirklichkeit, in: PERSONAL, Heft 11/1993, S. 517.
[89] Freimuth, J., Meyer, A., a. a. O., S. 184.
[90] vgl. Scholz, Chr., a. a. O., S. 678f.
[91] vgl. Freimuth, J., Meyer, A., a. a. O., S. 179.
[92] vgl. Scholz, Chr., a. a. O., S. 678f.

Kostenstellen		Ausbildung von Auszubildenden		Interne Weiterbildung		Externe Weiterbildung	
Kostenarten	Gesamt	Kaufm. Azubis	Gewerbl. Azubis	Führungs-kräfte	MA ohne Führungs-aufgaben	Führungs-kräfte	MA ohne Führungs-aufgaben
FUNKTIONSKOSTEN * Arbeitskosten - Arbeitsbasiskosten für hauptamtliche Bildungsmitarbeiter - Arbeitsbasiskosten für nebenamtliche Bildungsmitarbeiter - Arbeitsnebenkosten des Funktionspers. - Anteilige Arbeitsnebenkosten für nebenamtliche Bildungsmitarbeiter - Davon: Arbeitskosten des Funkionspersonals für: o Planung von Maßnahmen o Durchführung von Maßnahmen o Verwaltungsaufgaben o Soziale Betreuung der Teilnehmer * Kapital- und Sachkosten - Zentrale Bildungsplanung und –verw. - Zentrale Bildungseinrichtungen - Durchführungskosten für Maßnahmen in eigenen Bildungseinrichtungen - Durchführungskosten für Maßnahmen in fremden Einrichtungen * Dienstleistungskosten - Maßnahmen in eigenen Einrichtungen o Referentenhonorare o geleaste Ausstattungen o Miete für AV-Medien o Lehrmaterialkosten - Maßnahmen i. fremden Einrichtungen o Mietkosten für Räume o Reisekosten o Kosten für Unterkunft und Verpfleg. o Spezielle Versicherungen o Lehrmaterialkosten o Referentenhonorare							
AUSFALLKOSTEN * Lohn- und Gehaltskosten für programmbegründete Ausfallzeiten der Teilnehmer * Anteilige, verrechnete Sozialabgabekosten programmbegründeter Ausfallzeiten der Teilnehmer							
AUSBILDUNGSVERGÜTUNG * Vergütungszahlungen * Nebenkosten (außer Ausfallzeiten)							
FÖRDERUNGSKOSTEN * Kosten der individuellen Förderung * Kosten der institutionellen Förderung							
VERWALTUNGSKOSTEN * anteilige Verwaltungskosten für die Bildungsfunktionen durch funktionsexterne Stellen							
OPPORTUNITÄTSKOSTEN * bei vollständigem Leistungsausfall vom Bildungsempfänger * bei teilweisem Leistungsausfall von Ausbilder und Bildungsempfänger							
ERTRÄGE * Erträge aus öffentlichen Zuwendungen * Erträge aus Fremdauftragsbildungsmaßnahmen							

Abb. 5: BAB für Bildungsarbeit.[93] [94]

[93] vgl. Mentzel, W., a. a. O., S. 231ff.

[94] vgl. Hoss, G., a. a. O., S. 221f.

Die Rentabilität bezeichnet hingegen den wirtschaftlichen Nutzen einer Bildungsmaßnahme:

Formel:

$$\text{Rentabilität}^{95} = \frac{\text{Nutzenoutput}}{\text{Input}}$$

5.1.3 Effizienz-/Wirtschaftlichkeits-Controlling

Im Rahmen des Effizienz-/Wirtschaftlichkeits-Controlling ist folgende Frage zu klären:

„Tun wir die Dinge richtig?"[96]

Während beim Kosten-/Kalkulations-Controlling die Weiterbildungskosten je Planungsperiode betrachtet werden, stehen beim Effizienz-/Wirtschaftlichkeits-Controlling die Kosten weiterbildungswirtschaftlicher Prozesse im Mittelpunkt.[97] Hierbei kommen quantitative Verfahren zur Anwendung.

Die Effizienz einer Bildungsmaßnahme zu ermitteln, wird als die schwierigste Aufgabe im Rahmen des Bildungscontrolling verstanden. Hierbei gelangt das Bildungscontrolling an seine Grenzen.[98] Unter Effizienz einer Bildungsmaßnahme wird der einsatzbezogene Zielerreichungsgrad verstanden:[99]

Formel:

$$\text{Effizienz}^{100} = \frac{\text{Bildungseinheiten}}{\text{Input}}$$

„Die Überwachung der Effizienz der Bildungsarbeit soll sicherstellen, daß der Bildungsverantwortliche dem allgemeinen Wirtschaftlichkeitsprinzip Rechnung trägt."[101] Schulte steuert im Rahmen seines kennzahlenorientierten Personalcontrollings die Formel für eine Bildungsrendite bei:

Formel:

$$\text{Bildungsrendite}^{102} = \frac{\text{Durch Bildung erzielte Deckungsbeiträge}}{\text{Eingesetztes Kapital in Form von Kosten der Bildungsinvestitionen}} \times 100\ [\%]$$

---

[95] vgl. Feige, W., a. a. O., S. 517.
[96] vgl. Bracht, R., Kalmbach, A., a. a. O., S. 26.
[97] vgl. Thom, N., Blunck, T., a. a. O., S. 41.
[98] vgl. Gerlich, P., a. a. O., S. 45.
[99] vgl. Thom, N., Blunck, T., a. a. O., S. 40.
[100] vgl. Feige, W., a. a. O., S. 517.
[101] Thom, N., Blunck, T., a. a. O., S. 41.
[102] vgl. Schulte, Chr., a. a. O., S. 99.

„Dabei ist aber zu beachten, daß der durch Bildung erzielte Deckungsbeitrag nicht monetär ausgedrückt werden kann und die Bildungskosten durch die Opportunitätskosten kompliziert werden.“[103]

Es kann sich bei der Bildungsrendite also nur um einen ersten Versuch handeln, Bildungsmaßnahmen quantifizierbar zu machen.[104] Demnach muß auf andere Verfahren zurückgegriffen werden. Hoss setzt unter anderem die Nutzwert-Kosten-Analyse als Scoring-Verfahren zur Ermittlung der Wirtschaftlichkeit ein. Hierbei wird, angelehnt an die Nutzwertanalyse von Zangenmeister, unter Einbeziehung der Kostenaspekte die Wirtschaftlichkeit mittels Kriterienkatalogen, Kriteriengruppen und Gewichtung der Beurteilungsmerkmale ermittelt. Durch Ermittlung eines Kosten-Nutzen-Quotienten wird eine Rangfolgenbildung möglich. Durch sie kann zwischen Bildungsalternativen nach Kosten-Nutzen-Aspekten entschieden werden. [105] Auf Kosten-Nutzen-Analysen wird in später noch näher eingegangen.

5.2 Ansatz des Human Resource Accounting

Ein weiteres Verfahren, welches zu den quantitativen Verfahren zählt, ist das Human Resource Accounting. Der Ansatzes des Human Resouce Accounting im Rahmen des Bildungscontrolling versucht, Investitionskalküle auf den Bildungsbereich zu übertragen. Hierdurch sollen die Kosten für Bildungsmaßnahmen als Investitionen in das langfristig nutzbare Anlagegut „Personal“ zur Geltung kommen.[106]

Betrachtet man die Bildungsinvestitionen unter den traditionellen Gesichtspunkten des betrieblichen Rechnungswesens, ist der Investitionsgedanke auf Bildungsmaßnahmen des Personals nicht anwendbar. Der Wert des Personals erscheint nicht in der Bilanz. Daher können Bildungskosten auch nicht unter Wertsteigerungsaspekten für das Personal aktiviert werden. Bildungskosten erscheinen in der Gewinn- und Verlustrechnung und werden als „Verlust“ vom Jahresüberschuß abgezogen und wirken somit allenfalls steuermindernd.[107]

Betrachtet man die für die Bildung des Personals aufgewandten Kosten aber als Investitionen, treten wichtige Merkmale der Investitionsrechnung in Erscheinung. „...Zunächst [werden] die Höhe und der Zeitpunkt der mit der Investition verbundenen Ausgaben und Einnahmen betrachtet... Der Wert des Humanvermögens soll aktuell ermittelt und dargestellt werden.“[108] Diese erstmalige Ermittlung erfolgt zeitpunktbezogen. Im weiteren zeitlichen Verlauf werden Veränderungen erfaßt, die durch „Inverstitionen“ (z.B. Bildungsmaßnahmen) oder „Desinvestitionen“ (z.B. Kündigungen) ausgelöst werden.[109]

---

103 Gerlich, P., a. a. O., S. 46.
104 vgl. Scholz, Chr., a. a. O., S. 677.
105 vgl. Hoss, G., a. a. O., S. 212f.
106 vgl. Schulte, Chr., a. a. O., S. 5f.
107 vgl. Gerlich, P., a. a. O., S. 27f.
108 Gerlich, P., ebenda.
109 vgl. ebenda.

Es entsteht der Anschein, der Betrachtung des Human Ressource Accounting hafte lediglich wissenschaftliches Interesse an. Dies ist nicht richtig. Es soll vielmehr versucht werden, bildungsökonomische Kosten- und Ertragskategorien systematisch bei der Vorbereitung betrieblicher Entscheidungen einzubeziehen.[110] Letztlich besteht der monetäre Vorteil einer Investition darin, „am Ende der Nutzungsdauer des Investitionsobjektes mehr als die anfangs eingesetzten Mittel erwirtschaftet zu haben."[111] Um dieses darzustellen, bedarf es einer Bewertbarkeit des Humanvermögens. Da es einen Humanvermögenswert an sich aber nicht gibt, müssen für die Bewertung Ersatzgrößen Verwendung finden. Hierzu stehen die indirekten Bewertungsmethoden der inputorientierten und outputorientierten Verfahren zur Verfügung.[112]

5.2.1 Inputorientierte Verfahren

Die inputorientierten Verfahren ermitteln den Wert des Humanvermögens über die Kosten oder Aufwendungen für Bildungsmaßnahmen. Sie werden in Tabelle 4 darstellt und erläutert.

Art des inputorientierten Verfahrens	Verfahrensmerkmale
Kostenwertmethode	Ermittlung des Humanvermögenswertes (HVW) über die tatsächlich angefallenen Kosten für Erwerb und Erhaltung des Personals; Aktivierung und Abschreibung auf Konten für einzelne Mitarbeiter (MA) oder MA-Gruppen.
Bewertung zu Wiederbeschaffungskosten	Additive Ermittlung des HVW über die Aufwendungen für Stellenneubesetzung.
Opportunitätskostenmethode	Ermittlung des HVW über die Summe maximaler Angebotspreise im Rahmen eines unternehmensinternen Marktes.
Bewertung ranggewichteter Personalkosten	Ermittlung des HVW über hierarchisch gegliederte und gewichtete jährliche Personalkosten.
Effizienzgewichtete Personalkostenmethode	Ermittlung des HVW über den Vergleich eines gewichteten mit einem ungewicheteten Gegenwartswert der zukünftigen Personalkosten.
Bewertung auf der Basis der zukünftigen Einkünfte der Mitarbeiter	Ermittlung des HVW über die Addition einzelner, auf den Gegenwartswert abgezinster HVW.

Tab. 4[113]

110 vgl. Ortner, G. E.: Personalvermögensrechnung: Zur Übertragung des Humankapital-Konzeptes auf die betriebliche Personalinfrastruktur, in: Schmidt, H. (Hrsg.): Humanvermögensrechnung, 1. Auflage, Berlin, 1982, S. 357.

111 Corsten, W. F., Reiß, M., (Hrsg.): Betriebswirtschaftslehre, München, 1996, S. 937.

112 vgl. Gerlich, P., a. a. O., S. 28.

113 vgl. Gerlich, P., a. a. O., S. 29.

5.2.2 Outputorientierte Verfahren

Die outputorientierten Verfahren ermitteln den Wert des Humanvermögens über die Leistungsbeiträge der Mitarbeiter. Sie werden in Tabelle 5 darstellt und erläutert.

Art des outputorientierten Verfahrens	Verfahrensmerkmale
Firmenwertmethode	Ermittlung des HVW über die kapitalisierte Differenz aus organisationsbezogenem und branchentypischen Rentabilitätsprozentsatz, wobei angenommen wird, daß die Differenz zwischen bilanziellem und tatsächlichem Firmenwert der HVW sei.
Bewertung mit Hilfe zukünftiger Erträge	Bei der Ermittlung des HVW unter der Annahme, der Wert des MA ist von seinen Eigenschaften und den Merkmalen des Unternehmens abhängig, werden soziale, ökonomische und psychologische Faktoren berücksichtigt.*
Methode der Verhaltensvariablen	Ermittlung des HVW unter Heranziehung ökonomischer und psychologischer Variablen.

*Die Erfinder dieser Methode sehen deren praktische Einsetzbarkeit als nicht gegeben.

Tab. 5[114]

114 Gerlich, P., a. a. O. S. 30.

Eine Formel zur Errechnung des Nutzenzuwachses aus Bildungsmaßnahmen wird von Schmidt, Hunter und Pearlman 1982 veröffentlicht und 1983 von Boudreau erweitert. Dabei berücksichtigt Boudreau sowohl variable Kosten als auch Steuer- und Diskontierungseffekte.

Formel:[115]

$$\Delta U = (N)\left\{\sum_{t=1}^{T}\left[\frac{1}{(1+i)}\right](SD_{SV})(1+V)(1-TAX)(r_{X,SV})(\overline{Z}_X)\right\} - (C)(1-TAX)$$

Terms:

ΔU	=	Zuwachs des Nutzens als Konsequenz der Bildungsmaßnahme unter Berücksichtigung der variablen Kosten, der Steuern und der Diskontierung.
$\overline{Z}_X$	=	Durchschnittlicher Standard-Prädiktorwert der ausgewählten Gruppe.
N	=	Anzahl der Teilnehmer.
T	=	Erwartete Dauer der durch die Teilnahme erreichten Vorteile.
t	=	Zeitperiode, in der die net benefits auftreten.
i	=	Kalkulationszinsfluß.
C	=	Kosten der Bildungsmaßnahmendurchführung für N Teilnehmer.
V	=	Verhältnis der service costs (sc= Fluß von gegenwärtigen und zukünftigen Opfern, z.B. Löhne, Materialkosten) und sales value (sv = Fluß von gegenwärtigen und zukünftigen Vorteilen, z. B. Verkaufseinkünfte) zueinander.
$r_{X,SV}$	=	Korrelationskoeffizient zwischen dem Prädiktorwert (x) und dem Verkaufswert (sv).
SD_{SV}	=	Standardabweichung der monetär bewerteten Arbeitsleistung oder Aufgabenverrichtung innerhalb der Gruppe beschäftigter Mitarbeiter unter Verwendung der CREPID-Methode nach Cascio.
TAX	=	Steuern

Den Ansatz des Human-Resource-Accounting im Rahmen des Bildungscontrolling zu betrachten, kommt einerseits den Bildungsverantwortlichen als Argumentations-unterstützung zu Hilfe, wenn es um Budgetverhandlungen geht (hier kann mittels Human-Resource-Accounting in der ökonomischen Nomenklatur argumentiert werden). Andererseits ist der Aufwand dieser umfangreichen Berechnungen nicht zu unterschätzen. Letztlich stellt sich auch die Frage nach ihrem tatsächlicher Aussagegehalt und der Beweisbarkeit.[116]

---

115 vgl. Gerlich, P., a. a. O., S. 56ff.

116 vgl. Schulte, Chr., a. a. O., S. 6.

6 Bildungscontrolling im Funktionszyklus betrieblicher Bildungsarbeit

Ein pragmatischer Ansatz, ein Controlling für die betriebliche Bildungsarbeit zu entwickeln, ist Becker gelungen (s. Abb. 6).[117] Er verbindet sechs Stufen im Funktionszykus der betrieblichen Bildungsarbeit mit sechs verschiedenen Bereichen des Bildungscontrolling. Hierbei wird erstmals der Versuch erkennbar, Bildungscontrolling unter ganzheitlichen Aspekten zu beleuchten. Um eine Konzeption für ein Bildungscontrolling handelt es sich jedoch auch hierbei nicht.

Sechs Stufen im Funktionszyklus betrieblicher Bildungsarbeit -
Sechs Bereiche des Bildungscontrolling

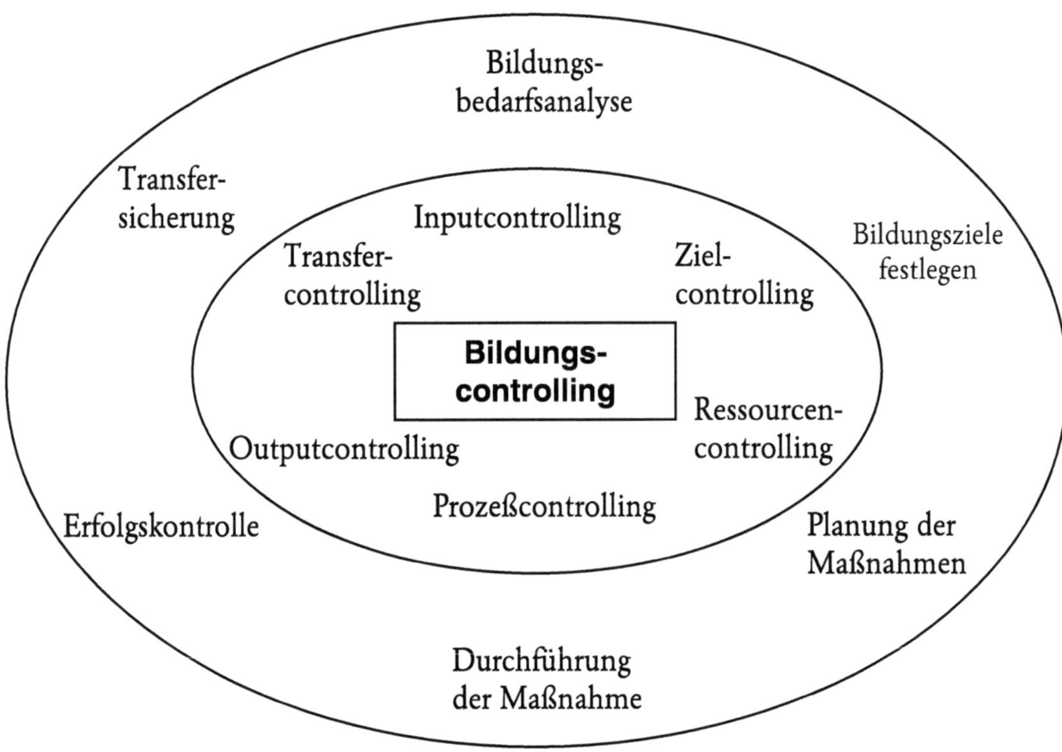

Abb. 6: Bildungscontrolling im Funktionszyklus.[118]

6.1 Bildungsbedarfsanalyse – Inputcontrolling / Ressourcencontrolling

Ansatzpunkte bei der Analyse des Bildungsbedarfs eines Unternehmens sind die Personalplanung des Unternehmens, die individuellen Anforderungen am Arbeitsplatz eines jeden Mitarbeiters (Fachkompetenz), die Problemsituationen im organisationalen Zusammenspiel (Sozialkompetenz), die Funktions-, Laufbahn- und Gruppenerfordernisse (Methodenkompetenz), die Entwicklung des Unternehmens und des Umfeldes.[119]

---

117 vgl. Becker, M., a. a. O., S. 57ff.

118 ebenda.

119 vgl. Arnold, R., Wiegerling, H.-J.: Programmplanung in der Weiterbildung, 1. Aufl., Frankfurt a. M., 1983, S. 126.

Es geht also darum, das Informationsinput unter Berücksichtigung der verfügbaren Ressourcen zu managen.

Bei der Bildungsbedarfsanlayse sind zusammenfassend zwei Fragen zu klären:
Welche Aufgaben sind zukünftig im Unternehmen unverändert, verändert oder neu zu leisten (Anforderungsanalyse)? Welche Mitarbeiter stehen hierfür zur Verfügung, müssen qualifiziert oder neu beschafft werden (Adressatenanalyse)?[120]

6.2 Bildungsziele festlegen - Zielcontrolling

Bildungsziele werden in ihrer Nachhaltigkeit unterschieden in langfristige (strategische), mittelfristige (taktische) und kurzfristige (operative) Ziele.[121] [122] Ein Beispiel für ein strategisches Ziel ist es, Führungskräfte mit der Unternehmensvision vertraut zu machen. Ein taktisches Ziel ist beispielsweise, die Mitarbeiterqualifikation auf eine Aufgabe in naher Zukunft hin anzupassen (z. B. Videokonferenztechnik). Operative Ziele verfolgen in der Regel jene Inhalte, welche sofort nach Abschluß der Bildungsmaßnahme am Arbeitsplatz umgesetzt werden können (z. B. Handhabung eines neuen Geräts).

6.3 Planung der Maßnahmen – Ressourcencontrolling / Prozeßcontrolling

In den Maßnahmen zur Planung eines Bildungsvorhabens sind pragmatische Fragestellungen zu klären: Auf welche Art sollen die Bildungsinhalte zielorientiert vermittelt werden (on-the-job, off-the-job, near-the-job, etc.)? Welche Alternativen stehen zur Verfügung? Wann und wo soll die Bildungsmaßnahme stattfinden? Werden die Teilnehmer ausgesucht oder vorgegeben oder wird die Bildungsmaßnahme offen oder gezielt angeboten? Welche Mittel stehen zur Verfügung (Finanzmittel, Sachmittel)? Welche Trainer/Dozenten stehen zur Verfügung?

In diesem Zusammenhang muß auch die „Make-or-buy-Entscheidung“[123] gefällt werden. Es handelt sich bei dieser Stufe also um eine Schnittstelle zwischen Management der Ressourcen und Steuerung des Bildungsprozesses.

6.4 Durchführung der Maßnahmen – Prozeßcontrolling / Outputcontrolling

Während der Durchführung der Bildungsmaßnahmen ist es erforderlich, regelmäßig festzustellen, ob die Durchführung plangemäß erfolgreich stattfindet oder ob Anpassungen notwendig sind. Hierzu steht im Rahmen des Prozeßcontrolling die Verlaufsevaluation zur Verfügung. Anpassungen könnten bei den Zielvorstellungen (Was soll der Teilnehmer nach der Maßnahme können?), bei der inhaltlichen Gestaltung (Was muß dem Teilnehmer hierzu vermittelt werden?) oder auf der pädagogischen Ebene (Wie kann dies dem Teilnehmer vermittelt werden?) erforderlich sein.

---

[120] vgl. Becker, M., a. a. O., S. 65ff.
[121] vgl. Hentze, J., Kammel, A., a. a. O., S. 29.
[122] vgl. Neges, R: Personalentwicklungs- und Weiterbildungserfolg, 1. Auflage, Wien, 1991, S. 32.
[123] vgl. Nemitz, B., Johnson, G., Kober, M.: Controlling der Personalentwicklung bei der Karstadt AG, in: PERSONAL, Heft 11/1997, S. 573.

Schon während der Durchführung der Maßnahme sind die Möglichkeiten des Outputcontrolling zu nutzen. Sie setzt sich aus pädagogischer Evaluation und betriebswirtschaftlicher Analyse zusammen. Bei dieser Stufe soll die Teilevaluation in verschiedenen Abschnitten der Bildungsmaßnahme unter humanen und ökonomischen Aspekten unter Focussierung des Gesamterfolgs der Maßnahme analysiert und gesteuert werden.[124]

6.5 Erfolgskontrolle – Outputcontrolling / Zielcontrolling

Nach Abschluß der Bildungsmaßnahme ist die Erreichung des Lernziels und die Einhaltung der wirtschaftlichen Plangrößen in Bezug auf die Bildungsmaßnahme zu überprüfen.[125] Da die Maßnahme mit dieser Erfolgskontrolle abgeschlossen ist, können ihre Ergebnisse keinen Einfluß mehr im Sinne einer „Feedback-Kontrolle" auf diese Maßnahme haben. Es handelt sich bei dieser abschließenden Auswertung also um Daten, welche im Sinne einer „Feedforward-Kontrolle" bei neu zu planenden, zukünftigen Maßnahmen, genutzt werden können (siehe auch Abb. 3).[126]

6.6 Transfersicherung – Transfercontrolling / Inputcontrolling

„Die Transfersicherung soll die Anwendung des Bildungsertrags am Arbeitsplatz gewährleisten."[127] Da ein wirtschaftlicher Nutzen einer Bildungsmaßnahme nur durch den Transfer des Erlernten vom Lernfeld in das Arbeitsfeld resultieren kann, bedarf es in dieser Stufe der Umsetzung eines intensiven, geplanten Maßnahmenkatalogs zur Sicherung des Transfererfolgs. Möglichkeiten zur Transfersicherung gibt es beispielsweise durch „Briefing" der Vorgesetzten bis hin zur Einbeziehung der Vorgesetzen als Coaches im Rahmen einer nachbereitenden, transfersichernden „on-the-job"-Maßnahme. Durch eine differenzierte Nutzenanalyse können die durch den Qualifikationstransfer erreichten wirtschaftlichen Erfolge der Maßnahme ermittelt werden.

Aus den Erfahrungen der Teilnehmer während der Transferphase, welche im Rahmen einer Evaluation gesichert werden müssen, können im Sinne einer „Feedforward-Kontrolle" die nachfolgenden Bildungsmaßnahmen ausgerichtet werden. An dieser Stelle beginnt der Funktionszyklus von Neuem und geht nahtlos in die Phase „Ermittlung der Bildungsziele" über.[128]

---

124 vgl. Becker, M., a. a. O., S. 65ff.

125 vgl. Berthel., J.: Personalmanagement – Grundzüge und Konzeptionen betrieblicher Bildungsarbeit, 1. Aufl., Stuttgart, 1989, S. 270.

126 vgl. Hentze, J., Kammel, A., a. a. O., S. 14f.

127 Becker, M., a. a. O., S. 67.

128 vgl. Becker, M., a. a. O., S. 67.

7 Detaillierte Darstellung des prozeßorientierten Bildungscontrolling

In diesem Kapitel werden zunächst die einzelnen Bausteine des prozeßorientierten Bildungscontrolling detailliert und nach Zielen, Aufgaben, Intrumenten und Funktionen geordnet, dargestellt und die Ansiedlung des Bildungscontrolling im Unternehmen diskutiert. Dies erleichtert die daran anschließende Abbildung des Modells eines prozeßorientiert-ganzheitlichen Bildungscontrolling-Konzepts.

7.1 Ziele des Bildungscontrolling

Wie alle Teilziele des Unternehmens müssen sich auch die Ziele des Bildungscontrolling an den Unternehmenszielen orientieren. Durch adäquate Qualifikation der Mitarbeiter sollen Wettbewerbsvorteile gegenüber den Mitbewerbern erlangt werden.[129] Einerseits werden quantitative Ziele benötigt. Andererseits stehen in der Praxis vor allem qualitative Ziele zur Verfügung. Sie haben jedoch nur einen mittelbaren Einfluß auf die quantitativen Ziele.

Betriebliche Bildungsarbeit wirkt immer auf mehreren Ebenen gleichzeitig. Manchmal werden Ziele erreicht, die gar nicht intendiert waren, definierte Absichten hingegen werden nicht einmal annähernd erfüllt oder erweisen sich hinterher als bedeutungslos. Fraglich ist immer auch, wann mit der Zielerreichung zu rechnen ist. Abschließend stellt sich die Frage, wie man die Hawthrone-Effekte bewerten soll. Hierunter versteht man die stärkende und ermutigende Wirkung von Maßnahmen auf die Mitarbeiter, die sich durch Teilnahme an Bildungsmaßnahmen wahrgenommen und wertgeschätzt fühlen.[130]

Ziele werden in der Literatur nach zeitlichen Aspekten in langfristige strategische, mittelfristige taktische und kurzfristige operative Ziele unterteilt (s. o.).[131] [132] Da die Übergänge fließend sind, ist eine eindeutige zeitliche und definitorische Eingrenzung des Zeitintervals nicht möglich. Horváth unterscheidet daher nur zwischen strategischen und operativen Zielen.[133]

7.1.1 Strategische Ziele

Das strategische Bildungscontrolling dient der Unterstützung der strategischen Führung eines Unternehmens und gehört daher zur strategischen Unternehmensplanung.[134] Die betriebliche Bildungsarbeit soll hierbei an die wirtschaftliche, technische und organisatorische Entwicklung der Unternehmensumwelt langfristig angepaßt werden.[135] Potthoff/Trescher bezeichnen die Entwicklung strategischer Ziele daher als ständigen Lernprozeß.[136]

---

129 vgl. Papmehl, A., Baldin, K., a. a. O., S. 815.
130 vgl. ebenda, S. 814f.
131 vgl. ebenda, S. 811 ff.
132 vgl. Hentze, J., Kammel, A., a. a. O., S. 63ff.
133 vgl. Horváth, P., a. a. O. 249ff.
134 vgl. ebenda, S. 249.
135 vgl. Papmehl, A., Baldin, K., a. a. O., S. 812.
136 vgl. Potthoff, E., Trescher, K.: Controlling in der Personalwirtschaft, 1. Aufl., Berlin, 1986, S. 7.

Unter Verwendung aller verfügbarer Daten werden beispielsweise Szenarien der künftigen Bildungsumweltbedingungen entwickelt, die Rückschlüsse auf Stärken und Schwächen der betrieblichen Bildung zulassen. Aus den so gewonnenen Informationen wird das strategische Bildungsziel entwickelt. Von ihm werden die untergeordneten taktischen und operativen Bildungsziele abgeleitet.[137]

7.1.2 Taktische Ziele

Unter taktischen Zielen des Bildungscontrolling werden mittelfristige Ziele verstanden, die geeignet sind, den Trend eines pädagogischen und wirtschaftlichen Langzeiterfolgs einer Bildungsmaßnahme aufzuzeigen. Hierbei kommen insbesondere jene Verfahren zur Anwendung, die eine Zielverfolgung in der Anwendungsumgebung sicherstellen.[138]

7.1.3 Operative Ziele

„Die operative Planung erstreckt sich auf Zeiträume bis zu einem Jahr, kann aber auch je nach der Branche eine mehrjährige Planung umfassen."[139] Bei den operativen Zielen des Bildungscontrolling handelt es sich überwiegend um kurzlebige, präzise Detaillinformationen, die größtenteils auf der Ebene operativer Bildungsplanung verwandt werden. Hierzu gehören u. a. Kosten-Nutzen-Rechnungen, Kennzahlen sowie die Evaluierungsergebnisse einzelner Bildungsmaßnahmen.[140] Dabei sind operative Ziele für jede einzelne Bildungsmaßnahme zu vereinbaren.[141] Dies setzt eine effiziente Seminarverwaltung voraus.

7.1.4 Qualitative Ziele

Zu den qualitativen Zielen des Bildungscontrolling zählen u. a.:[142]

- Sicherstellung des Bildungstransfers an den Arbeitsplatz,
- Entwicklung der vorhandenen Human-Ressourcen,
- Erhöhung der Attraktivität der Bildungsangebote,
- Sicherstellung einer inhaltlich zufriedenstellenden, motivierenden und qualitativ-hochwertigen Aus-/Weiterbildung,
- geringe Abbruchquote,
- geringe Fluktuation während und nach der Bildungsmaßnahme,
- Herstellung von Transparenz hinsichtlich der Kosten und Nutzen der Maßnahme.

---

[137] vgl. Hoss, G., a. a. O. S. 35.
[138] vgl. Rüdenauer, M., a. a. O., S. 342.
[139] Potthoff, E., Trescher, K., a. a. O., S. 8.
[140] vgl. Hentze, J., Kammel, A., a. a. O., S. 66.
[141] vgl. Rüdenauer, M., a. a. O., S. 342.
[142] vgl. Becker, M., a. a. O., S. 61f.

7.1.5 Quantitative Ziele

Zu den quantitativen Zielen des Bildungscontrolling zählen u. a.:[143]

- Ermittlung von Kosten, Aufwendungen, Erträgen und Kennzahlen,
- Erhöhung von Auslastungszahlen der Bildungsmaßnahmen,
- Budgetermittlung,
- Effizienzsteigerung der Bildungsabteilung durch Optimierung des Personaleinsatzes und der Personalkosten.

7.2 Aufgaben des Bildungscontrolling

Die Aufgaben des Bildungscontrolling werden unterschieden in vertikale und horizontale Aufgaben. Die vertikalen Aufgaben umfassen die „bottom-up-" und „top down-" Informationen. „Bottom-up-Informationen" sind entscheidungsvorbereitend oder informationsliefernd, also an übergeordnete Entscheidungsträger gerichtet. „Top down-Informationen" sind sog. „Korrekturagenten", die die seitens des Managements getroffenen Steuerungsentscheidungen durch z. B. Daten untermauern.[144] Horizontale Aufgaben beziehen sich auf die interne Datenverarbeitung des Controlling.

7.2.1 Planung

Das Bildungscontrolling soll die Entscheidungsträger der Planung unterstützen bei den Maßnahmen der:[145]

- Bildungsbedarfsplanung,
- Maßnahmenplanung,
- Kostenplanung,
- Organisationsplanung,
- Ressourcenplanung.

Die Planungsaufgaben des Bildungscontrolling beziehen sich auf alle drei Ebenen des Controlling: die strategische, die taktische und die operative Ebene.

143 vgl. Becker, M., a. a. O., S. 61f.

144 vgl. Schlaffke, W., Weiß, R.: Forschungsstand und Forschungsperspektiven im Bereich betrieblicher Weiterbildung aus betrieblicher Sicht, in: Bundesminster für Bildung und Wirtschaft (Hrsg.): Betriebliche Weiterbildung Forschungsstand und Forschungsperspektiven, 1. Aufl. Bonn, 1990, S. 99.

145 vgl. Hoss, G.: Bildungscontrolling, in: Horváth, P., Teichmann, T. (Hrsg.): Vahlens Großes Controllinglexikon, München, 1993, S. 78f.

7.2.2 Kontrolle

Kontrolle ist der Vergleich des eingetretenen Ist von dem vorgegebenen (geplanten) Soll.[146] Dabei dient die Kontrolle der Erkenntnisgewinnung, welche sich auf das Ist oder das Soll richten kann. Die Kontrolle des Ist-Zustandes wird als „Feed-back-Kontrolle“ bezeichnet, die Kontrolle des Soll-Zustandes als „Feed-forward-Kontrolle“ (s. Abb. 3).[147]

Die Kontrolle läßt sich in drei Funktionen unterteilen:[148]

Beobachtungsfunktion – unspezifische Informationserfassung,
Beurteilungsfunktion – Einwirken auf Verhaltensweisen von Organisationsmitgliedern,
Präventivfunktion – Vermeidung unerwünschter und Förderung erwünschter Verhaltensweisen schon im Vorfeld.

Kontrolle richtet sich immer auf die Beeinflussung eines zukünftigen Verhaltens oder Ergebnisses. Gleichwohl handelt es sich bei der Kontrolle um einen retrograden Ermittlungsgang.[149]

7.2.3 Analyse

Sind im Rahmen der Kontrolle Abweichungen des Ist vom Soll aufgetreten, ist es notwendig, diese Abweichungen zu analysieren und Ursachen für die Abweichungen aufzudecken.[150] Hierzu dient vor allem die Abweichungsanalyse (s. u.).[151] Sie hat neben der Analyse der Abweichungen und der Abweichungsursachenergründung auch die Aufgabe, die damit inhärenten Konsequenzen für die Zielrealisierung aufzudecken. Hierauf aufbauend werden Korrekturvorschläge beziehungsweise Korrekturmaßnahmen erarbeitet, mit deren Hilfe die lokalisierten und definierten Fehler und deren Ursachen ausgeschaltet werden sollen.[152] Die so gewonnenen Informationen werden an übergeordnete Planungsinstanzen weitergeleitet, wo eine Korrekturentscheidung getroffen wird.[153]

Die Abweichungsanalyse soll detaillierte Auskünfte geben über:[154]

- Art, Ort und zeitliche Entwicklung der Abweichungen,
- Ursachen und Verantwortlichkeit für die Abweichungen,
- Korrekturmöglichkeiten und deren Auswirkungen auf die Zielrealisation anderer Aufgabenbereiche.

---

146 vgl. Weber, J., a. a. O., S. 145.
147 vgl. Weber, J., ebenda, S. 152f.
148 vgl. Müller, W., Organisation der Kontrolle, in: Grochla, A. (Hrsg.): Handwörterbuch der Organisation, 2. Aufl., Stuttgart, 1980, Sp. 1082ff.
149 vgl. Weber, J., a. a. O., S. 151ff.
150 vgl. Hentze, J., Kammel, A., a. a. O., S. 56.
151 vgl. Weber, J. a. a. O., S. 144f.
152 vgl. Hentze, J., Kammel, A., a. a. O., S. 56.
153 vgl. Voßschulte, A.: Kontrolle, in: Horváth, P., Reichmann, T. (Hrsg.): Vahlens Großes Controlling Lexikon, München, 1993, S. 352.
154 vgl. Hentze, J., Kammel, A., a. a. O., S. 56f.

Die Ergebnisse einer solchen Analyse sollen zur Überarbeitung und Anpassung des Ablaufplans einer Maßnahme (inhaltliche Änderung) oder der Organisation einer Maßnahme (organisatorische Änderung) oder der Finanzierung der Maßnahme (finanzielle Änderung) und im Extremfall sogar zur Streichung einer Maßnahme führen.

7.2.4 Steuerung

Die Steuerung im Sinne des Bildungscontrolling ist das Einleiten von Gegenmaßnahmen, wenn Kontrolle und Analyse der Bildungsmaßnahmen ein Abweichen des Ist vom zielführenden Soll diagnostizieren.[155] Die Gegensteuerungsmaßnahmen können in Form von Feed-back-Maßnahmen oder Feed-forward-Maßnahmen durchgeführt werden. Die Feed-forward-Maßnahmen sind hierbei zu präferieren, da sie nicht nur auf die aktuelle Schadensbehebung, sondern auch auf die künftige Schadensvermeidung abzielen.[156]

Der Steuerungsvorgang umfaßt folgende Einzelschritte:[157]

- Aufstellung beziehungsweise Festlegung des Kontrollfeldes,
- Gegenüberstellung von Ist- und Soll-Größen,
- Erstellung einer Abweichungsanalyse,
- Beseitigung der Abweichungsursachen.

7.2.5 Evaluation

Während man unter „Bildungscontrolling" die wirtschaftswissenschaftliche Herangehensweise versteht, ist der Begriff der „Evaluation" eher mit der pädagogischen Herangehensweise verbunden. Die Definitionsvielfalt ist mit der für den Begriff des Controlling vergleichbar. Wottawa beispielsweise bezeichnet Evaluation als eine „Bewertung von Handlungsalternativen".[158] Im übrigen geht man davon aus, daß sich die Evaluation der Bildungsarbeit überwiegend mit der Lernzielerreichungskontrolle (Binnenerfolgskontrolle) und selten mit der Transferkontrolle (Außenerfolgskontrolle) beschäftigt.[159]

Der Begriff Evaluation oder Evaluierung im angolamerikanischen Sinn beinhaltet durch seine Bedeutung der „Wertbeimessung" wesentlich mehr, als die reine Erfolgskontrolle. Evaluation ist demnach nur der Oberbegriff für eine Tätigkeit, die außer der Kontrolle im eigentlichen Sinne mit den Unterbegriffen der Überwachung und Beaufsichtigung vor allem auch die Steuerung und Unterstützung des Erfolgs betrieblicher Bildungsarbeit umfaßt.[160]

---

155 vgl. O. V., Bundesverband Deutscher Unternehmensberater BDU e.V., Fachverband Unternehmensführung und Controlling (Hrsg.): Controlling, 2. Aufl., o. O., o. J., S. 28.

156 vgl. Weber, J., a. a. O., S. 151ff.

157 vgl. O. V., BDU, a. a. O., S. 28.

158 vgl. Gerlich, P., a. a. O., S. 11ff.

159 vgl. Schlaffke, W., Weiß, R., a. a. O., S. 163.

160 vgl. ebenda.

In der Fülle der Definitionen des Begriffs „Evaluation“ kehren folgende wesentliche Merkmale immer wieder:[161]

- Unterstützung und Grundlagenschaffung für Planung und Entscheidung,
- Ziel- und Zweckorientierung stehen im Vordergrund,
- Handlungsoptimierung,
- Verwendung aktueller wissenschaftlicher Techniken und Forschungsergebnisse.

Daraus folgt, daß jede Evaluation die Beantwortung der folgenden Frage beinhalten muß:

„Wer evaluiert was, wo und warum in welchem Zeitraum und mit welchen Mitteln? Wie sieht es mit der Kosten-Nutzen-Analyse aus?“ [162]

Hierzu stehen im Rahmen der Evaluation folgende Instrumente zur Verfügung:[163] [164]

- Tests,
- Interviews,
- Fragebögen,
- Beobachtungen,
- Analyseverfahren,
- kommunikative Verfahren,
- physikalische Messungen,
- psychophysiologische Messungen,
- Expertenratings.

Abschließend darf die Bewertung der Evaluation selbst, die Meta-Evaluation, in ihrer Bedeutung nicht unterschätzt werden. Sie ist für die Interpretation der Ergebnisse und für die Planung künftiger Evaluationen notwendig.[165]

---

[161] vgl. Gerlich, P., a. a. O., S. 11.
[162] ebenda, S. 12.
[163] vgl. Gerlich, P., a. a. O., S. 14f.
[164] vgl. Bundesinstitut für Berufsbildungsforschung im Bundesinstitut für Berufsbildung (BIBB) (Hrsg.): Weiterbildung in der Arbeitswelt, 1. Aufl., München, 1977, S. 265ff.
[165] vgl. Gerlich, P., a. a. O., S. 14.

7.3 Instrumente des Bildungscontrolling

7.3.1 Budgetierung

Der Budgetbegriff bezog sich ursprünglich auf Ausgaben und Einnahmen öffentlicher Haushalte. Das „Budget“ ist ein Haushaltsplan.[166] Es beschreibt die finanziellen Auswirkungen der kurzfristigen, operativen Teilpläne.[167] Ein solcher Teilplan umfaßt die Aktivitäten der Aus-, Fort- und Weiterbildung im Rahmen der Personalentwicklung eines Unternehmens. Das Bildungsbudget ist also ein Subbudget des Personalbudget.[168] Ein Budegt bezieht sich in der Regel auf einen Einjahreszeitraum.[169]

Das Budget wird zeitgerecht von der Unternehmensleitung „genehmigt“ oder „verabschiedet“.[170] „Insbesondere die in der Budgetplanung festgelegten Werte werden zur vorgegebenen Norm, die eingehalten werden soll. Nach Vollzug des Planes erfolgt dann eine Kontrolle, die zeigen soll, ob die Planzahlen mit den Istzahlen (z. B. vorgegebene Auszahlung und tatsächlich angefallene Auszahlung) übereinstimmen oder ob Abweichungen eingetreten sind.“[171]

Bei der Aufstellung eines Budgets wird daher geplant, welche Beträge an Einnahmen und Ausgaben zu erwarten sind:[172]

- in welchen Arten (Kosten- und Erlösarten),
- in welchen Stellen (Kosten- und Erlösstellen),
- in welchen Zeiten (Finanzplanung, Liquiditätsplanung).

Im Rahmen der Bildungsarbeit stehen verschiedene Transferwege zur Verfügung (on-the-job, off-the-job, near-the-job, etc.). Die für die Teilnahme eines Mitarbeiters an einer Bildungsmaßnahme anfallenden Kosten sind je nach Art der Bildungsmaßnahme in den Budgets der verschiedenen dezentralen Verantwortungsbereiche einzuplanen. Nach Abschluß der Bildungsmaßnahme ist das jeweilige Budget der entsendenden Abteilung oder das Budget eines Projekts, an dem der beschulte Mitarbeiter mitwirkt, mit den entstandenen Kosten zu belasten. Im gleichen Zuge ist dieser Betrag in dem Budget der Bildungsabteilung als Erlös gutzuschreiben. Die Kosten und Erlöse betrieblicher Bildungsarbeit werden transparent.

---

[166] vgl. Der kleine Duden, Fremdwörterbuch, Mannheim, 1977.

[167] vgl. Wöhe, G.: Einführung in die allgemeine Betriebswirtschaftslehre, 19. überarb. und erw. Aufl., München, 1996, S. 154.

[168] vgl. Keßler, H.: Budgetierung und Verantwortung der Weiterbildungskosten , in: Landsberg, G. v., Weiß, R.: Bildungscontrolling, 2. überarb. Aufl., Stuttgart, 1997, S. 156.

[169] vgl. Kieninger, M.: Budget, in: Horváth, P., Reichmann, T. (Hrsg.): Vahlens Großes Controlling Lexikon, München, 1993, S. 85.

[170] vgl. Keßler, H., a. a. O., S. 156.

[171] Wöhe, G., a. a. O., S. 154.

[172] vgl. Keßler, H., a. a. O., S. 156.

Ähnlich ist es bei der Teilnahme eines Mitarbeiters an einer externen Bildungsmaßnahme. Hier wird jedoch das Budget der Bildungsabteilung nicht berührt, da das Budget des entsendenden Bereichs (z. B. Abteilungsbudget) oder des von der Bildungsmaßnahme profitierenden Bereichs (z. B. Projektbudget) direkt mit den entstandenen Kosten belastet wird. Unter diesem Aspekt gesehen ist betriebliche Bildungsabteilung als ein „Cost-center" innerhalb einer Unternehmung zu verstehen.[173]

Hilfreich bei der Budgetplanung sind vor allem die folgenden Kennzahlen als Bezugsgrößen:[174]

- Prozentsatz vom Umsatz des Vorjahres,
- Prozentsatz vom Umsatz des laufenden Jahres,
- fester Betrag pro Mitarbeiter,
- festes Zeitbudget pro Mitarbeiter,
- Festlegung anhand der Weiterbildungsaktivitäten der Vorjahre,
- Festlegung anhand der geschätzten Weiterbildungsaktivitäten des laufenden Jahres,
- Zuweisung eines Gesamtbetrages durch die Unternehmensleitung,
- Festlegung nach einer Erhebung der Weiterbildungsbedürfnisse der Mitarbeiter.

7.3.2 Kennzahlen

Ein in der betrieblichen Praxis weit verbreitetes Controllingverfahren ist das Arbeiten mit Kennzahlen. Mit ihnen kann die schwer zu überschaubare Daten- und Informationsflut in einem Unternehmen zu einem aussagekräftigen Daten- und Informationskonzentrat zusammengefaßt werden. Es stehen hierfür absolute Kennzahlen (Summen, Differenzen, Mittelwerte) oder Kennzahlen als Verhältniszahlen (Gliederungszahlen, Beziehungszahlen, Indexzahlen) zur Verfügung.[175]

Neben den Kennzahlen „Ausfallkostensatz je Stunde", „Weiterbildungskosten pro Tag und Teilnehmer" und „jährliche Weiterbildungszeit pro Mitarbeiter" (s. o.) schlägt Schulte in seinem Personal-Kennzahlen-System folgende bildungsbezogenen Kennzahlen vor:[176]

$$\text{Ausbildungsquote} = \frac{\text{Anzahl der Auszubildenden}}{\text{Gesamtzahl der Mitarbeiter}} \times 100\ [\%]$$

Sie dient der Planung des Personalbestandes und verfolgt das Ziel der Steigerung bzw. Reduzierung der Ausbildungsquote.

$$\text{Übernahmequote} = \frac{\text{Anzahl der übernommenen Auszubildenden}}{\text{Anzahl der Jugendlichen mit beendeter Ausbildung}} \times 100\ [\%]$$

173 vgl. Keßler, H., a. a. O., S. 156ff.

174 vgl. Schulte, Chr., a. a. O., S. 23.

175 vgl. ebenda, S. 2f.

176 vgl. Schulte, Chr., a. a. O., s. 92ff.

Sie dient der Kontrolle des Ausbildungsaufwandes und verfolgt das Ziel der Erhöhung der Übernahmequote.

$$\text{Struktur des Prüfungsergebnisses} \frac{\text{Anzahl der Absolventen mit der Prüfungsnote i}}{\text{Gesamtzahl der Absolventen}} \text{x } 100 \text{ [\%]}$$

Sie dient der qualitativen Kontrolle der Personalausbildung oder Mitarbeiterqualifikation.

$$\text{Struktur der Maßnahmen} = \frac{\text{Anzahl der Bildungsmaßnahmen mit dem Merkmal i}}{\text{Gesamtzahl der Bildungsmaßnahmen}} \text{x } 100 \text{ [\%]}$$

Sie dient der Planung und Kontrolle des Bildungsmaßnahmenangebots mit dem Ziel der Verbesserung der Struktur der Bildungsmaßnahmen im Hinblick auf die erwarteten Qualifikationsanforderungen.

$$\text{Anteil der PE-Kosten an den Personalkosten} = \frac{\text{Personalentwicklungskosten}}{\text{Gesamtpersonalkosten}} \text{x } 100 \text{ [\%]}$$

Sie dient der Planung und Kontrolle der Struktur der Personalkosten mit dem Ziel der Erhöhung der Personalentwicklungskosten an den Gesamtpersonalkosten.

$$\text{Bildungsrendite} = \frac{\text{Durch Bildungsmaßnahmen erzielte Deckungsbeiträge}}{\text{Eingesetztes Kapital in Form von Kosten der Bildungsinvestitionen}} \text{x } 100 \text{ [\%]}$$

Sie dient der Planung und Kontrolle der Effizienz von Bildungsmaßnahmen mit dem Ziel der Steigerung der Bildungsrendite.

Dabei ist es wichtig, daß die grundlegenden Daten, welche für die Kennzahlen benötigt werden, nach sogenannten „standard operations procedures (SOP´s) aufgestellt werden. Denn mit Kennzahlen, die auf ungenauen Daten beruhen oder jedes Jahr nach anderen Verfahren zusammengerechnet werden, ist ein effektives Controlling nicht möglich.[177]

„Kennzahlen in der Personalwirtschaft bestechen durch Operationalität und Komprimierung personalwirtschaftlicher Daten, Ergebnisse und Vorgänge. Der Personalcontroller sollte aber eine kritische Distanz im Umgang mit Kennzahlen wahren, da bei ihrer Anwendung Fehlinterpretationen aus konzeptionellen, meßtheoretischen und anwendungsbezogenen Mängeln entstehen können.“[178] Das Kennzahlensystem sollte also nicht unkritisch im Rahmen des Bildungscontrolling angewandt werden. Feige warnt sogar: „‚Zahlenfriedhöfe‘ widersprechen der Effizienz des Weiterbildungscontrolling“.[179]

---

177 vgl. Feige, W., a. a. O., S. 517.
178 Hentze, J., Kammel, A., a. a. O. , S. 92.
179 Feige, W., a. a. O., S. 517.

7.3.3 Balanced Scorecard

Die von Norton/Kaplan entwickelte Balanced sorecard ist das bekannteste Performance-Measurement-Konzept. Unter dem Terminus „Performance Measurement“ versteht man den Aufbau und Einsatz meist mehrerer quantifizierbarer Meßgrößen verschiedenster Dimensionen, die zur Beurteilung der Effektivität und Effizienz der Leistung und Leistungspotentiale unterschiedlichster Objekte im Unternehmen herangezogen werden.[180] Die Balanced scorecard wurde entwickelt, weil die sich an historischen Werten orientierenden Rechnungswesenmodelle lediglich vergangene Ereignisse reflektieren, was für eine moderne Unternehmensführung im Informationszeitalter nicht mehr ausreicht. Die Balanced scorecard erweitert daher die Ziele einer Geschäftseinheit über die finanziellen Kennzahlen hinaus. So ist meßbar, wie ein Geschäftsbereich (z. B. die betriebliche Bildungsabteilung) für gegenwärtige und zukünftige Kunden wertschöpfend arbeitet. Sie erfaßt also auch die kritischen Wertschöpfungsaktivitäten, die durch motivierte und ausgebildete Mitarbeiter geschaffen werden.[181]

Kaplan/Norton betrachten mit ihrer Balanced scorecard die Unternehmensleitung aus vier verschiedenen Perspektiven und gewinnen so einen ausgewogenen („balanced“) vergangenheits- und zukunftsbezogenen Überblick. Neben der historischen Betrachtung der finanzwirtschaftlichen Perspektive berücksichtigen Sie auch die Kundenperspektive, die interne Prozeßperspektive und die Lern- und Entwickungsperspektive (s. Abb. 7).

Die betriebliche Bildungsarbeit gewinnt hierdurch eine große Bedeutung im Rahmen der unternehmerischen Wertschöpfung.[182]

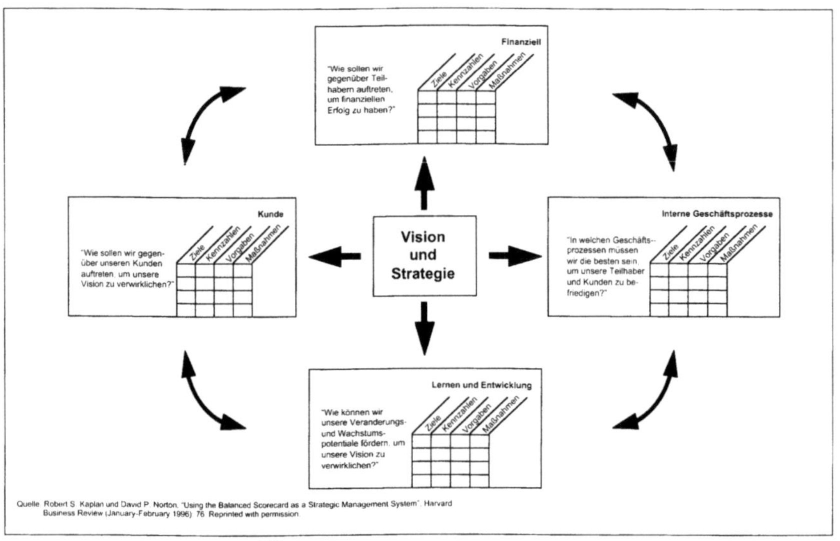

Abb. 7: Die Balanced scorecard.[183]

Der Abdruck erfolgt mit freundlicher Genehmigung des Schäffer-Poeschel Verlags, Stuttgart

---

180 vgl. Horváth, P., a. a. O., S. 566.

181 vgl. Kaplan, R. S., Norton, D. P. (Hrsg.): Balanced scorecard, aus dem Amerikanischen übersetzt von Horváth, P., 1. Aufl., Stuttgart, 1997, S. 8.

182 vgl. Horváth, P., a. a. O., S. 567f.

183 Kaplan, R. S., Norton, D. P. (Hrsg.), a. a. O., S. 9

Treibender Faktor für die finanzwirtschaftliche Perspektive, die Kundenperspektive und die interne Prozeßperspektive ist die Lern- und Entwickungsperspektive. Sie erst schafft die zur Erreichung der hohen Ziele der anderen Perspektiven notwendige Infrastruktur. Unternehmen müssen über Forschung und Entwicklungs- sowie Anlageinvestitionen hinaus vor allem in ihre Infrastruktur investieren, um auf Dauer anspruchsvolle finanzielle Ziele erreichen zu können.

Zu diesen Zielen zählen insbesondere die Investitionen in Personal, Systeme und Prozesse. Es gibt drei Hauptkatagorien, die für die Lern- und Entwicklungsperspektive im Rahmen der Balanced scorecard von Bedeutung sind:[184]

- Mitarbeiter-/Personalpotentiale,
- Potentiale von Informationssystemen,
- Motivation, Empowerment und Zielausrichtung.

Insbesondere die erste Hauptkategorie „Mitarbeiter-/Personalpotentiale" führt zusammen mit der technologischen Infrastruktur und dem allgemeinen Arbeitsklima zu drei Kernergebnisgrößen, welche in Kennzahlen ausgedrückt werden:[185]

- Mitarbeiterzufriedenheit,
- Personaltreue,
- Mitarbeiterproduktivität.

Die Mitarbeiterzufriedenheit ist in diesem Kontext von Bedeutung, wenn man annimmt, daß Arbeitsmoral und allgemeine Zufriedenheit von den Unternehmen als wichtig angesehen werden. Zufriedenes Personal ist die Voraussetzung für Produktivitätssteigerung, Reaktionsfähigkeit, Qualität und Kundenservice. Um Kundenzufriedenheit herzustellen, bedarf es also zufriedener Mitarbeiter. Die Arbeitsmoral ist dort von großer Bedeutung, wo Personal mit geringem Lohn und geringer Qualifikation in direktem Kontakt mit dem Kunden tritt.

Elemente zur regelmäßigen geplanten oder zufälligen Ermittlung der Mitarbeiterzufriedenheit können u. a. sein:[186]

- Mitbestimmung bei Entscheidungen,
- Leistungsanerkennung,
- Zugriff auf notwendige Informationen,
- aktive Ermutigung zur Kreativität und Initiative,
- Unterstützung durch die Personalabteilung,
- allgemeine Zufriedenheit mit dem Unternehmen.

---

[184] vgl. Kaplan, R. S., Norton, D. P. (Hrsg.), a. a. O., S. 121.
[185] vgl. ebenda, S. 123f.
[186] vgl. ebenda, S. 124.

Die Mitarbeitertreue dient dem Ziel, dem Unternehmen die langfristig wichtigen Mitarbeiter zu erhalten, da ansonsten langfristige Investitionen in seine Mitarbeiter und mit ihnen auch das intellektuelle Kapital des Unternehmens verloren gehen. Die Mitarbeitertreue ist über die Fluktuationsquote des Stammpersonals zu ermitteln.[187]

Mit der Mitarbeiterproduktivität als Kennzahl kommt zum Ausdruck, welche Ergebnisverbesserung durch die Steigerung der Mitarbeiterfähigkeiten aus Innovationen, die Verbesserung der internen Prozesse und die Zufriedenstellung der Kunden zustande kommt.[188]

Wenn die Kennzahlen zur Ermittlung der Mitarbeiterzufriedenheit, Personaltreue und Mitarbeiterproduktivität ausgewählt sind, müssen die situationsspezifischen Antriebskräfte für das Lernen und das Wachstum ermittelt werden. Kaplan/Norton haben herausgefunden, daß die treibenden Faktoren drei „Befähigern" zuzuordnen sind:[189]

- Kompetenz der Mitarbeiter (=Personalkompetenz),
- Informationssystempotentiale (=Technologische Infrastruktur),
- Motivation, Empowerment und Ausrichtung am Unternehmensziel (=Arbeitsklima).

---

187 vgl. Kaplan, R. S., Norton, D. P. (Hrsg.), a. a. O., S. 125.

188 vgl. ebenda.

189 vgl. ebenda, S. 126.

Abbildung 8 stellt die Abhängigkeit der Ergebnisse von den situationsspezifischen Antriebskräften für das Lernen und Wachstum dar und bildet den Rahmen für das Kennzahlensystem der Lern- und Entwicklungsperspektive.

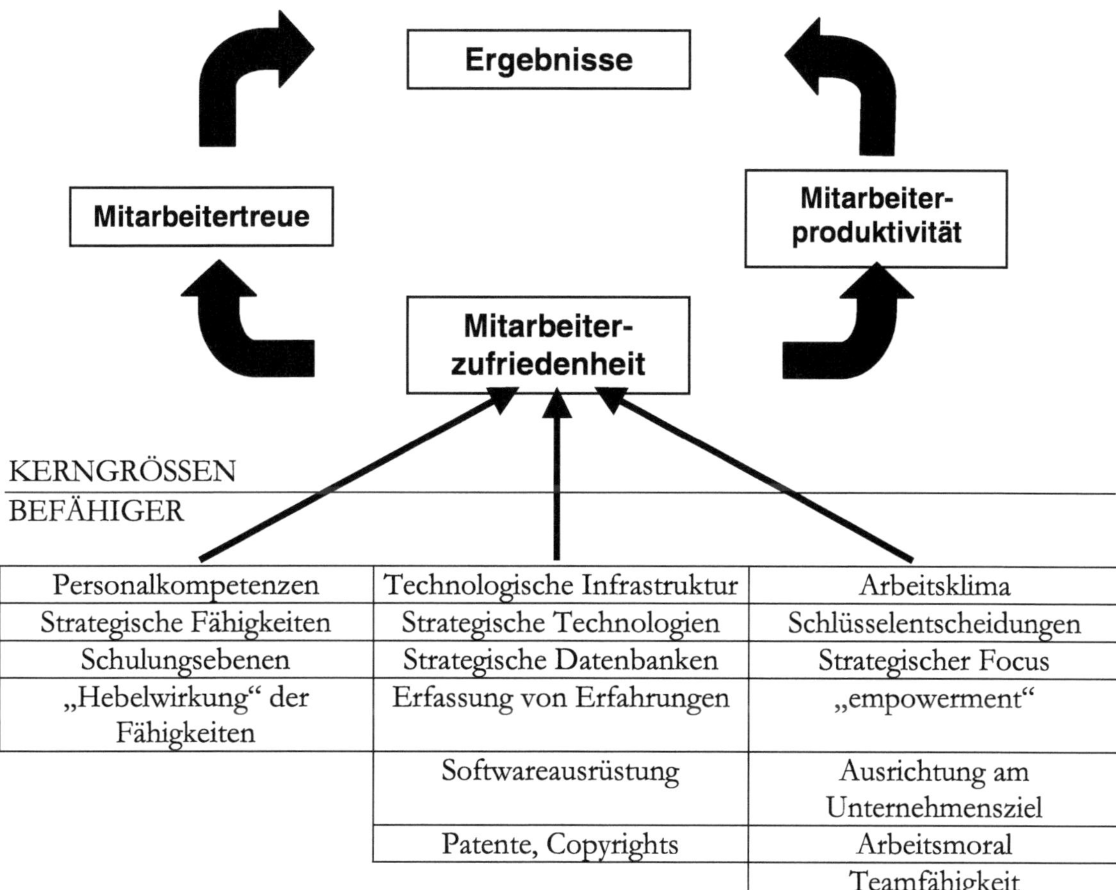

Personalkompetenzen	Technologische Infrastruktur	Arbeitsklima
Strategische Fähigkeiten	Strategische Technologien	Schlüsselentscheidungen
Schulungsebenen	Strategische Datenbanken	Strategischer Focus
„Hebelwirkung“ der Fähigkeiten	Erfassung von Erfahrungen	„empowerment“
	Softwareausrüstung	Ausrichtung am Unternehmensziel
	Patente, Copyrights	Arbeitsmoral
		Teamfähigkeit

Abb. 8: Situationsspezifische Antriebskräfte für Lernen und Wachstum.[190]

Die Erforderlichkeit betrieblicher Bildungsmaßnahmen kann aus zwei Dimensionen betrachtet werden:[191]

Das erforderliche Niveau der Bildungsmaßnahmen, sowie
der Prozentsatz der Mitarbeiter, die an einer Bildungsmaßnahme teilnehmen müssen.

Zur Ermittlung des Bedarfs an Bildungsangeboten in einem Unternehmen dient die Kennzahl der „strategischen Aufgabendeckungsziffer“.[192] Sie drückt das Verhältnis zwischen der Anzahl der Mitarbeiter, die für besondere strategische Aufgaben qualifiziert sind, und dem angenommenen Bedarf an qualifizierten Mitarbeitern aus.

---

190 vgl. Kaplan, R. S., Norton, D. P. (Hrsg.), a. a. O., S. 124, 127.
191 vgl. ebenda, S. 127.
192 vgl. ebenda.

Das dazugehörige Kennzahlenkonzept ist in Abbildung 9 dargestellt.

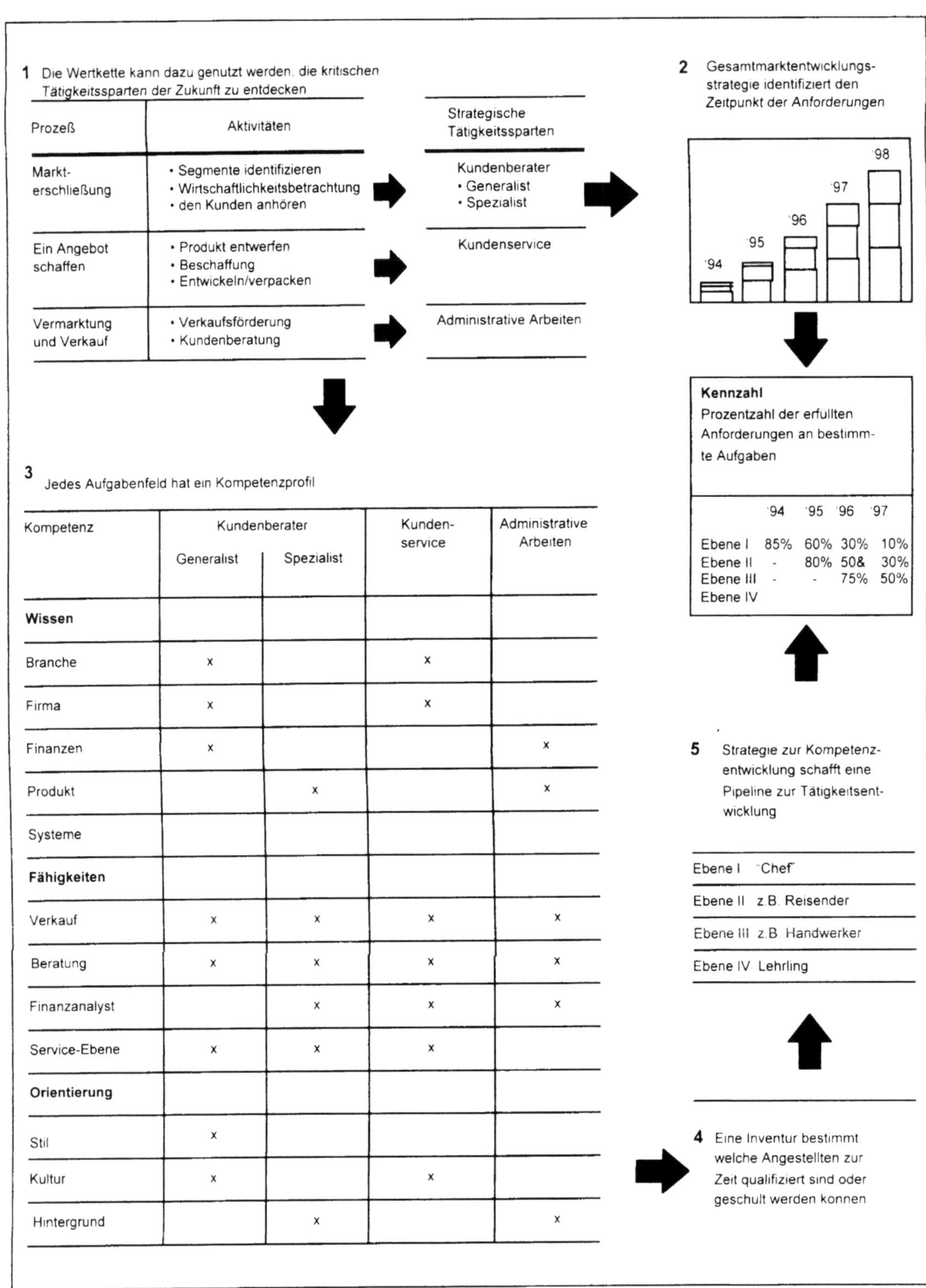

Kompetenz	Kundenberater: Generalist	Kundenberater: Spezialist	Kundenservice	Administrative Arbeiten
Wissen				
Branche	x		x	
Firma	x		x	
Finanzen	x			x
Produkt		x		x
Systeme				
Fähigkeiten				
Verkauf	x	x	x	x
Beratung	x	x	x	x
Finanzanalyst		x	x	x
Service-Ebene	x	x	x	
Orientierung				
Stil	x			
Kultur	x		x	
Hintergrund		x		x

Abb. 9: Die strategische Aufgabendeckungsziffer – Kennzahlenkonzept.[193]

193 vgl. Kaplan, R. S., Norton, D. P. (Hrsg.), a. a. O., S. 129.

Die Balanced scorecard ist aber weit mehr, als ein taktisches oder operatives Meßsystem. In innovativen Unternehmen wird sie häufig als strategisches Managementsystem angewandt, um die Unternehmensstrategie langfristig verfolgen zu können. Durch die Balanced scorecard fällt es diesen Unternehmen leichter, die kritischen Managementprozesse zu meistern:[194]

- Klärung und Herunterbrechen von Vision und Strategie,
- Kommunikation und Verknüpfung von strategischen Zielen und Maßnahmen,
- Planung, Festlegung von Zielen und Abstimmung strategischer Initiativen,
- Verbesserung von strategischem Feedback und Lernen.

7.3.4 Benchmarking

Das Benchmarking entstand bei der Firma Xerox, welche in den 80er Jahren erhebliche Probleme mit der japanischen Konkurrenz hatte. Durch einen kontinuierlichen Prozeß des unternehmen- und branchenübergreifenden Vergleichs von Produkten, Dienstleistungen und insbesondere Prozessen und Methoden betrieblicher Funktionen wird es den einzelnen Unternehmensbereichen ermöglicht, sich am Besseren und Besten zu orientieren. Es ist darauf zu achten, daß sich das Benchmarking jeweils nur auf ein anderes Unternehmen bezieht, um aussagekräftige Ergebnisse zu erlangen.[195]

Benchmarking hat den Vorteil, daß einzelne betriebliche Funktionsbereiche, wie beispielsweise die betriebliche Bildung, focussiert werden können. Leistungsstandards anderer Unternehmen können aufgezeigt werden. Dies ermöglicht es, selbst in Unternehmensbereichen das Problembewußtsein für notwendige Veränderungen zu wecken, die in ihrer eigenen Kultur und Denkweise befangen sind.[196]

Den Ausgangspunkt bildet mit der Indentifikation des Benchmarkingobjekts (z. B. eine Training-on-the-job-Maßnahme) die Vorbereitung des Benchmarkingprozesses. Als zweiter Schritt sind Leistungsbeurteilungsgrößen zu bestimmen. Hier bieten sich der Prozeßinput (Kosten der Bildungsmaßnahme), der Prozeß selbst (Art der Trainings-/Schulungsmethoden), der Prozeßoutput (Transfererfolg) und die Kundenzufriedenheit (Teilnehmerzufriedenheit, Vorgesetzenzufriedenheit) an. Bei den Leistungsbestimmungsgrößen kann grundsätzlich zwischen Wertgrößen, Zeitgrößen und mengenmäßigen Größen unterschieden werden. Die verschiedenen Formen des Benchmarking sind in Tabelle 6 dargestellt.[197]

---

194 vgl. Kaplan, R. S., Norton, D. P. (Hrsg.), a. a. O., S. 10f.
195 vgl. Horváth, P., a. a. O., S. 400ff.
196 vgl. Weber, J., a. a. O., S. 98f.
197 vgl. Horvath, P., a. a. O., S. 402f.

Parameter	Ausprägung der Parameter			
Objekt	Produkte	Methoden		Prozesse
Zielgröße	Kosten	Qualität	Kundenzufriedenheit	Zeit
Vergleichspartner	andere Geschäftsbereiche	Konkurrenten	Gleiche Branche	andere Branche

Tabelle 6: Darstellung verschiedener Formen des Benchmarking.[198]

Zweite Phase ist die Analyse der erhobenen Daten. Die letzte Phase beschäftigt sich mit der Umsetzung im eigenen Unternehmensberich. Horváth/Herter schlagen ein Phasenkonzept für das Benchmarking vor, welches auf alle Benchmarkingobjekte angewandt werden kann (s. Tabelle 7).

Phase	Schritte
I. Vorbereitung	1. Gegenstand des Benchmarking 2. Leistungsbeurteilungsgrößen 3. Vergleichsunternehmen 4. Informationsquellen
II. Analyse	5. Leistungslücke 6. Ursachen für Leistungslücke
III. Umsetzung	7. Ziele und Strategien 8. Aktionspläne 9. Implementierung 10. Fortschrittskontrolle 11. Wiederholung des Benchmarking

Tab . 7: Phasenschema des Benchmarkingprozesses.[199]

Da dynamische Märkte von ständigen Produkt- und Verfahrensinnovationen gekennzeichnet sind, muß das Benchmarking permanent durchgeführt werden. Sonst besteht die Gefahr, daß gegenwärtige „Spitzenleistungen" schnell unter die „Standardgrenze" abfallen.[200]

7.3.5 Analyseverfahren

7.3.5.1 Kosten-Nutzen-Verfahren

Mit dem Kosten-Nutzen-Verfahren kann die Wirtschaftlichkeit bestimmter Handlungsmethoden beurteilt werden, wenn die Marktmechanismen im Sinne einer Allokation der Ressourcen versagen. Zu den Untergruppen der Kosten-Nutzen-Verfahren gehören die Kosten-Nutzen-Analyse, die Nutzwertanalyse und die Kostenwirksamkeitsanalyse.[201]

198 vgl. Horvath, P., a. a. O., S. 402.
199 vgl. ebenda, S. 403
200 vgl. ebenda, S. 405.
201 vgl. Hentze, J., Kammel, A., a. a. O., S. 170.

Mit der Kosten-Nutzen-Analyse können einerseits die Kosten ermittelt und beurteilt werden, andererseits bietet sie die Möglichkeit, auch den Nutzen von Alternativen zu beurteilen. Die Kosten-Nutzen-Analyse erfaßt auch den monetären gesellschaftlichen Nutzen und die monetären gesellschaftlichen Kosten einer Entscheidung. Sie geht damit weit über die betriebswirtschaftlichen Kosten-Nutzen-Vergleiche hinaus, wie sie aus dem Rechnungswesen bekannt sind.[202] Die Kosten-Nutzen-Analyse weist vier Charakteristika auf:[203]

Zusammenstellen der geschätzten oder tatsächlichen realen Auswirkungen einer zu untersuchenden Maßnahme,
deren Umwandlung in äquivalente Geldbeträge,
Diskontierung über die Zeit verteilter Folgewirkungen zu je einem Betrag für die positiven bzw. die negativen Auswirkungen,
Auswirkungen des Zahlenpaares anhand des vorher beschlossenen Entscheidungskriteriums.

In der Praxis treten hier jedoch immer wieder erhebliche Erfassungs- und Bewertungsschwierigkeiten auf.[204]

In diesen Fällen wird häufig die Kostenwirksamkeitsanalyse angewandt. Sie verzichtet auf die monetäre Bewertung des Nutzens einer Bildungsmaßnahme. „Dem in Geldeinheiten bewerteten Ressourcenaufwand (Kosten), der mit einer Handlung verbunden ist, werden in unterschiedlichen (nichtmonetären) Einheiten gemessene Zielwirkungen (Wirksamkeiten) gegenübergestellt, wobei die Möglichkeit der Zieloperationalisierung vorausgesetzt wird.“[205] Bei ihr sind also keine speziellen Meßvorschriften zu beachten. Dies erlaubt eine vollständige Erfassung der Entscheidungssituation.[206]

Die Kosten-Nutzwert-Analyse gehört aus Sicht der Investitionslehre in Fällen der nicht oder nur teilmonetären Erfaßbarkeit der Entscheidungskriterien zu einem Verfahren der Investitionsrechnung. Mit ihr können sogenannte Nicht-Rendite-Investitionen beurteilt werden. Für die Beurteilung dieser Investitionen spielen „Rendite-Gesichtspunkte“ bzw. „finanzielle Konsequenzen“ nur eine untergeordnete Rolle. Hierzu zählen u. a. betriebliche Bildungsmaßnahmen, wie beispielsweise Traineeprogramme.[207] Sie dient der Ergänzung finanzieller Analysen bei der Entscheidungsfindung.[208]

---

[202] vgl. Potthoff, E., Trescher, K., a. a. O., S. 85f.
[203] vgl. Hentze, J., Kammel, A., a. a. O., S. 170.
[204] vgl. Potthoff, E., Trescher, K., a. a. O., S. 86.
[205] Hentze, J., Kammel, A., a. a. O., S. 170.
[206] vgl. Hentze, J., Kammel, A., a. a. O., S. 170f.
[207] vgl. Potthoff, E., Trescher, K., a. a. O., S. 86f.
[208] vgl. Hentze, J., Kammel, A., a. a. O., S. 171.

Die Kosten-Nutzwert-Analyse wird in fünf Verfahrensschritte unterteilt:[209]

- Zielkriterienbestimmung,
- Zielkriteriengewichtung,
- Bestimmung der Nutzen einer Handlungsalternative in bezug auf ein Zielkriterium,
- Nutzwertermittlung,
- Beurteilung der Vorteilhaftigkeit.

„Nutzwertanalysen erlauben eine nachvollziehbare, allerdings auf subjektiven Einzelurteilen beruhende Bewertung von Handlungsalternativen. Dabei wird auf die Einbeziehung und Bewertung von Kostenkriterien einzelner Handlungsalternativen keinesfalls verzichtet."[210]

7.3.5.2 Abweichungsanalyse

Die Kontrolle von Kosten, Erlösen und Erfolg geschieht über die Ermittlung und Analyse von Abweichungen zwischen dem vorgegebenen Soll-Wert und dem tatsächlich entstandenen Ist-Wert. Damit dieses Kontrollsystem aussagekräftig und zielführend arbeiten kann, ist es erforderlich, die Werte der Planung und der Analyse strukturgleich zu erheben. Diesem Soll-Ist-Vergleich ist eine Abweichungsanalyse anzuschließen.[211]
Eine Ursachenanalyse gibt Aufschluß über die Abweichungsarten:[212] [213]

- Mengenabweichungen,
- Preisabweichungen,
- Verbrauchsabweichungen,
- Beschäftigungsabweichungen.

Die Abweichungsanalyse vollzieht sich in mehreren Schritten. Diese Phasen und die dazugehörigen Elemente der Abweichungsanalyse sind in Abbildung 10 dargestellt.

---

209 vgl. Hentze, J., Kammel, A., a. a. O. , S. 170.
210 ebenda, S. 171.
211 vgl. Horváth, P., a. a. O., S. 471f.
212 vgl. Becker, M.: Bildungscontrolling, a. a. O., S. 71.
213 vgl. Weber, J., a. a. O., S. 145f.

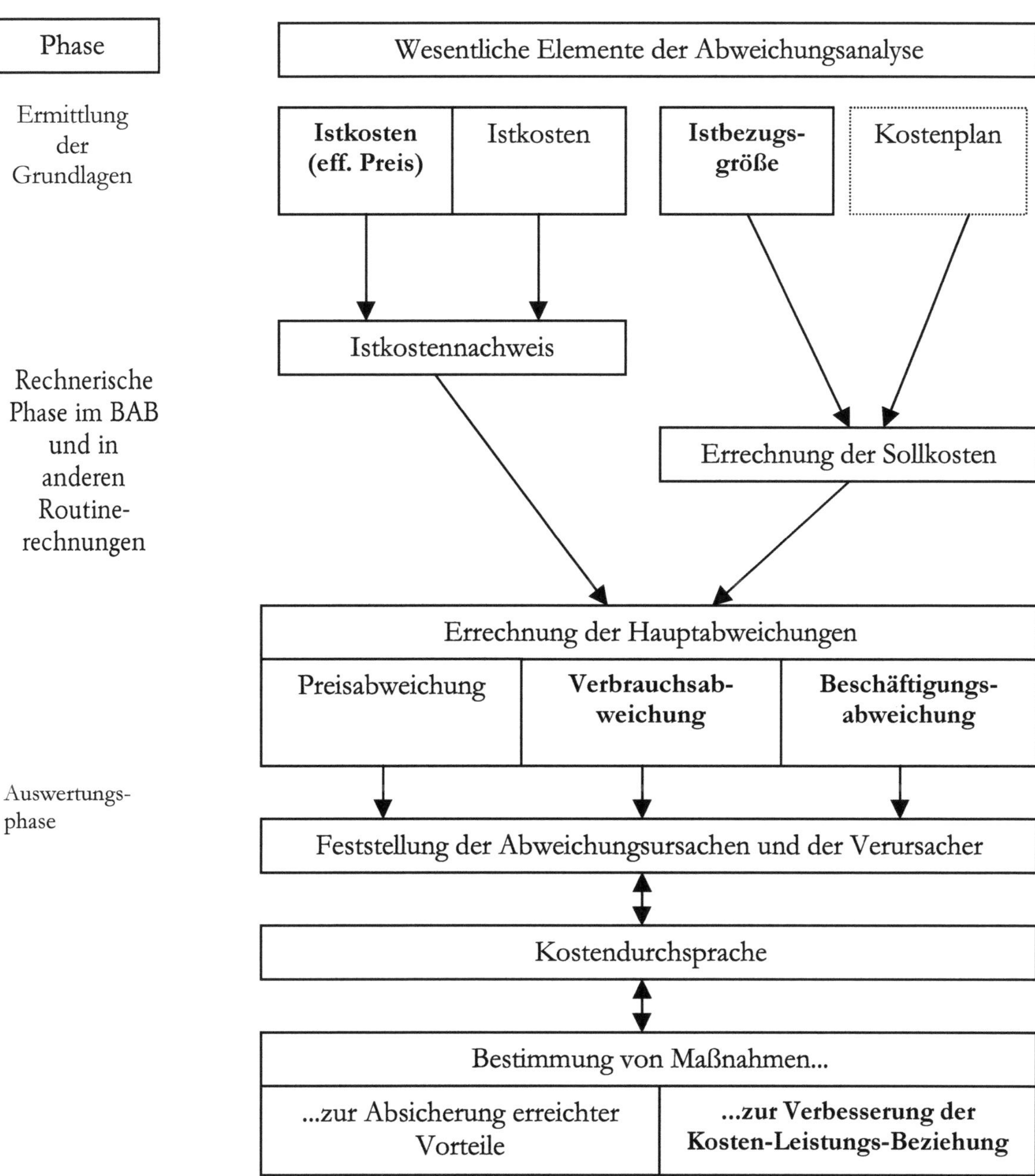

Abbildung 10: Abweichungsanalyse.[214]

[214] vgl. Horváth, P., a. a. O., S. 474.

7.3.5.3 Bildungsbedarfsanalyse

Damit Bildungsmaßnahmen eines Unternehmens nicht „ad hoc“ und möglicherweise an einem tatsächlichen Bedarf vorbei angeboten und durchgeführt werden, muß vor Planung und Durchführung einer Bildungsmaßnahme eine Bildungsbedarfsanalyse erfolgen. Tatsächlich gibt es nur in jedem vierten Unternehmen eine explizite Weiterbildungsplanung. Die Ermittlung des Weiterbildungsbedarfs gehört damit zu den Schwachstellen der betrieblichen Weiterbildung.[215] Das erfolgsorientierte Aus- und Weiterbildungsprogramm eines Unternehmens basiert aber auf einer detaillierten Analyse des Bildungsbedarfs. Stattdessen ist immer wieder eine angebotsinduzierte Weiterbildung anzutreffen, die häufig am tatsächlichen Bedarf vorbeigeht. Die gewünschte bedarfsorientierte Bildungsarbeit ist das Ergebnis eines klomplexen Findungs- und Gestaltungsprozesses.[216] Hierzu stehen eine Fülle konventioneller Erhebungsverfahren zur Verfügung, wie beispielsweise das Ankreuzen vorgegebener Lernzielkataloge, das gegenseitige Teilnehmerinterview, die strukturierte Rollenanalyse, Problemindentifizierungsübungen oder die Sammlung kritischer Vorfälle.[217] Es geht also nicht nur um einen Vergleich eines Soll-Anforderungsprofils mit einer Ist-Erhebung, sondern um wesentlich facettenreichere Verfahren zur Datenerhebung.[218] Die Bestimmungsgrößen der Bildungsbedarfsanalyse sind in Tabelle 8 zusammengefaßt.[219]

Ansatzpunkte der Bildungsbedarfs-analyse	Ziele	Analysemethoden und Quellen	Umsetzung von Analyseergebnissen in Beispielen für Bildungsmaßnahmen
Personalplanung	Feststellung der Rahmengrößen des qualitativen und quantitativen Bildungsbedarfs	Analyse von Personaleinsatz-planung und Stellenplan bzw. Planung zur Deckung des Personalbedarfs	z. B.: Anlernen von Neueinstellungen, Umschulung bei Umsetzungen, Berufsausbildungen zur Bedarfsdeckung
Individuelle Erfordernisse (Person und Arbeitsplatz)	Feststellung der erforderlichen individuellen Bildungsmaßnahmen	Arbeitsanalyse, Stellenbeschreibung Personalbeurteilung, Fördergespräch, Befragung	z. B.: Erweiterung bzw. Vertiefung der Fachkenntnisse einzelner MA

215 vgl. Alt, Chr., Sauter, E., Tillmann, H., a. a. O., S. 135f.
216 vgl. Münch, J., a. a. O., S. 70f.
217 vgl. Arnold, R., Wiegerling, H.-J., a. a. O., S. 125.
218 vgl. Papmehl, A.: Personal-Controlling: Human-Ressourcen effektiv entwickeln, 1. Aufl., Heidelberg, 1990, S. 53.
219 vgl. Arnold, R., Wiegerling, H.-J., a. a. O., S. 126.

Ansatzpunkte der Bildungsbedarfs-analyse	Ziele	Analysemethoden und Quellen	Umsetzung von Analyseergebnissen in Beispielen für Bildungsmaßnahmen
Problemsituation	Lösung von Problemen in der Organisation oder bei Gruppen	Befragung der Betroffenen, Problem-/Projektgruppe, Vorgesetztenbefragung, Einsatz externer Berater	z. B.: Null-Fehler-Programm-Qualitätsverbesserung, Schulung von Organisationsfamilien zur Verbesserung der Zusammenarbeit
Funktions-, Laufbahn- und Gruppenerfordernisse	Größere Gruppe gleichartig eingesetzter Mitarbeiter soll funktionstüchtiger werden	Berufsbilder, Rechtsvorschriften, Prüfungsordnungen, Laufbahnvorgaben, Anforderungsprofile Stellenbeschreibungen, Funktionsanalysen	z. B.: Verkäuferschulung zur Information über Änderungen im Sortiment, Schulung der Sicherheits-beauftragten, job-rotation
Unternehmens-entwicklung und Umfeld	Feststellung von erforderlichen Innovationen und Systemveränderungen in der betrieblichen Bildungsarbeit	Analyse von Unternehmens-zielen und Unternehmens-strategien, technischen Entwicklungen, Marktveränderungen, öffentlichen Bildungssystemen.	z. B.: Entwicklung von Lernprogrammen zur Vorbereitung auf eine neue Funktion, Beteiligung an einem Ausbildungsverbund

Tab. 8: Bestimmungsgrößen der Bildungsbedarfsanalyse.

Um Planungs- und Erfolgssicherheit für Bildungsmaßnahmen zu gewinnen, sollte für jede Bildungsmaßnahme eine Vereinbarung zwischen Nachfrager und Anbieter getroffen werden. Das Ziel der Maßnahme soll hierin ebenso beschrieben werden, wie die Bildungsstrategien, Dauer der Maßnahme und die zur Verfügung stehenden Finanzmittel. So wird es dem Bildungscontroller ermöglicht, im Verlauf der Bildungsmaßnahme Abweichungen von Ausführungen oder (Teil-)Ergebnissen der Bildungsmaßnahme rechtzeitig zu erkennen und entsprechende Handlungsempfehlungen zu entwickeln.[220] Neben den o. g. konventionellen Verfahren, stehen im Rahmen der Bildungsbedarfsanalyse darüber hinaus auch Potentialbeurteilungen, Bedarfsabschätzungen nach der Delphi-Methode, personalwirtschaftliche Technologiefolgeabschätzungen, Karrierepfadplanungen und Mitarbeiter-Portfolios zur Verfügung.[221]

[220] vgl. Papmehl, A., a. a. O., S. 53.
[221] vgl. Thom, N., Blunck, Th., a. a. O., S. 42.

7.3.6 Portfolioanalyse

Portfolios ermöglichen einen Stärken-/Schwächen-Vergleich zwischen zwei ausgewählten Ressourcen. Durch eine Stärken-/Schwächen-Analyse des Bildungsbereichs kann festgestellt werden, welche der aufgestellten Erfüllungskriterien nur unzureichend erfüllt sind. Dazu wird eine Neun-Felder-Martix mit den Kriterien „hoch“, „mittel“ und „niedrig“ angelegt. Für die Portfolio-Analyse spricht die einfache Darstellung des Sachverhalts und die damit verbundene leichte Kommunizierbarkeit. Dagegen spricht die Reduktion der verschiedenen Einflußmöglichkeiten auf zwei Größen. Durch die Verbindung von Soll- und Ist-Portfolios lassen sich „Stoßrichtungen“ angeben, die Vorschläge für künftige Handlungsentscheidungen liefern.[222]

7.4 Funktionen des Bildungscontrolling

7.4.1 Informationsfunktion

Die Informationsfunktion des Bildungscontrolling befaßt sich mit jenen Daten, welche zur Wahrnehmung der Controllingaufgaben ermittelt, erzeugt, gespeichert und weitergegeben werden.[223] Die Informationsfunktion des Controlling erstreckt sich von der ziel- und aufgabenorientierten Informationsbedarfsanalyse über die benutzer- und anwenderfreundliche Beschaffung und Aufbereitung der nachgefragten Informationen bis zur bedarfsgerechten Informationsversorgung.[224] [225] Im Rahmen der Informations-bedarfsanalyse bedarf es des Abgleichs zwischen Informationsangebot, Informationsbedarf und Informationsnachfrage (s. Abb. 11).

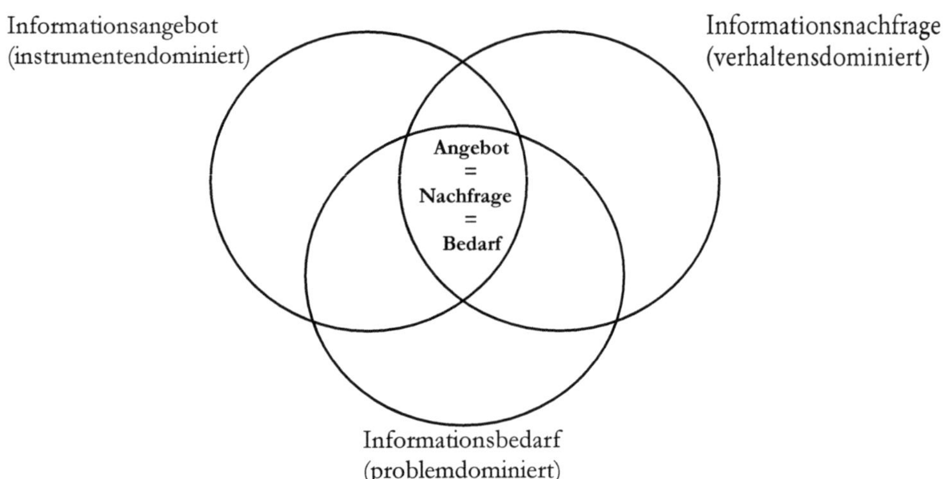

Abb. 11: Informationsbedarfsanalyse im Spannungsfeld zwischen Angebot und Nachfrage.[226]

---

[222] vgl. Horváth, P., a. a. O., S. 375ff.

[223] vgl. Horváth, P.: Controllinginfunktionen, in: Horváth, P., Teichmann, T. (Hrsg.), a. a. O., S. 131.

[224] vgl. Palloks, M.: Informationsbeschaffung und -aufbereitung, in: Horváth, P., Teichmann, T. (Hrsg.), a. a. O., S. 289f.

[225] vgl. Hentze, J, Kammel, A., a. a. O., S. 43.

[226] vgl. Weber, J., a. a. O., S. 315f.

Die anwender- und benutzerorientierte Informationsverarbeitung und –weiterleitung muß immer auch unter Beachtung des Wirtschaftlichkeitsprinzips erfolgen.[227] Aufgrund der Masse der zu bearbeitenden Daten empfiehlt es sich, ein EDV-System zu installieren.[228]

7.4.2 Koordinierungsfunktion

Die Koordinationsfunktion des Bildungscontrolling wird von Horváth als die zentrale Funktion im Controllingsystem angesehen. Frese beschreibt mit der vertikalen und horizontalen Koordination im Rahmen des aufgabenlogischen Ansatzes zwei Grundformen der Koordination. Die empirisch vergleichende Organisationsforschung kennt verschiedene Koordinationsmechanismen. Sie vergleicht die Selbstabstimmung, die hierarchischen ad-hoc-Entscheidungen, die Planung und die Programmierung.[229]

Die Koordinationsaufgabe des Bildungscontrolling besteht in der Gestaltung und Fortführung von Planungs-, Kontroll- und Informationssystemen.[230] So kann eine optimale Abstimmung und integrierende Verknüpfung von Bildungsinformationen, Bildungszielen, Bildungsplanungen, Bildungskontrollen und Bildungsorganisationen erfolgen.[231]

7.4.3 Frühwarnfunktion

Mittels eines Früherkennungssystems im Rahmen des Bildungscontrolling wird es den Bildungsverantwortlichen ermöglicht, rechtzeitig notwendige Anpassungs- und Korrekturmaßnahmen einzuleiten.[232]

Die Orientierung an Kennzahlen und Hochrechnungen stellt hierbei nur die erste Generation der Früherkennungssysteme dar. Mit Hilfe von Indikatoren für das Erkennen von Umwelt- und Unternehmensveränderungen, die noch nicht als Chance oder Risiko zu erkennen sind, wurde die zweite Generation gestaltet. Erst mit der dritten Generation des Früherkennungssystems werden auch strategisch relevante Veränderungen frühzeitig erkannt. Hierzu muß ein Informationssystem geschaffen werden, da permanent nach schwachen Signalen „scannt“. Wurde ein Signal geortet, sucht das Früherkennungssystem nach weiteren Informationen im Umfeld des Signals. Somit werden die Symptome einer Veränderung immer frühzeitiger erkannt. Es steht damit mehr Zeit für die notwendigen Anpasungs- und Korrekturmaßnahmen zur Verfügung. Dieses System wird auch als „strategisches Radar“ bezeichnet.[233]

---

227 vgl. Hentze, J., Kammel, A., a. a. O., S.43.
228 vgl. Hentze, J., Kammel, A., a. a. O., S. 184.
229 vgl. Horváth, P, a. a. O., S. 112ff.
230 vgl. Horváth, P.: Controllingfunktionen, a. a. O., S. 130.
231 vgl. Weber, J., a. a. O., S. 27.
232 vgl. Hentze, J., Kammel, A., a. a. O., S. 94.
233 vgl. Horváth, P, a. a. O., S. 384ff.

7.4.4 Prozeßsteuerungsfunktion

Das prozeßorientierte Controlling hat sich von den hierarchischen Führungsprozessen und der damit verbundenen systemkoppelnden und systembildenden Koordination gelöst. Es orientiert sich an den horizontalen Prozessen. Nicht die hierarchisch strukturierte Führung, sondern die auf der horizontalen Ebene arbeitenden Prozeßteams sollen mit Informationen versorgt werden. Dies verlangt, daß sich das Bildungscontrolling selbst nach Prozessen orientiert, also auf die „Kunden“ und die „Produkte“ ausrichtet.[234] Hierzu gehören z. B. die Bildungsverantwortlichen, die Auftraggeber, die Dozenten, die Teilnehmer und die Bildungsmaßnahmen als solche.

Die Prozeßorientierung hat somit wesentliche Auswirkungen auf die Aufgaben, die Organisation und die Instrumente des Bildungscontrolling. Die scharfe Trennung zwischen Bildungsmanager und Bildungscontroller wird gemildert. Der Controller ist in die Bildungsprozesse integriert. Das Bildungscontrolling selbst wird nach Prozessen strukturiert. Die Informationsversorgung konzentriert sich auf die für die Prozeßbeteiligten direkt verwendbaren Steuerungsgrößen.[235] Hier stellt sich die Frage nach der organisatorischen Verankerung des Bildungscontrolling als zentrale oder dezentrale Aufgabe, Stabsstelle oder Linienstelle.

8 Organisatorische Ansiedlung des Bildungscontrolling im Unternehmen

Grundsätzlich wird davon ausgegangen, daß sich die organisatorische Ansiedlung des Controlling nach der Managementorganisation eines Unternehmens richtet. Immer dann, wenn Planung, Kontrolle, Koordination und Integration wesentliche Bestandteile des Managementsystems darstellen, ist der Controllingservice eine unabdingbare Voraussetzung für den Managementerfolg. Wenn also jede Managementfunktion eine Controllingfunktion erfordert, muß das Controlling in jeder Managementebene zur Verfügung stehen. In der Praxis findet sich häufig sogar ein Nebeneinander zentraler und dezentraler Controllingfunktionen.[236] Diese Tatsache der Allgegenwärtigkeit des Controlling und die Tatsache der o. g. Aufhebung der Grenzen zwischen Managementfunktion und Controllingfunktion veranlaßt Weber zu der Frage: „Ist das beste Controlling das ohne Controller?“.[237] Oder anders: Ist der Manager der bessere Controller?

---

[234] vgl. Horváth, P, a. a. O., S. 832f.
[235] vgl. ebenda, S. 835.
[236] vgl. Weber, J., a. a. O., S. 360.
[237] vgl. ebenda, S. 376.

8.1 Bildungscontrolling als nicht-institutionalisiertes Controlling

Grundsätzlich bieten sich für eine nicht-institutionalisierte Ansiedlung des Controlling die beiden Bereiche Finanzen/Controlling (Zentralcontrolling) oder Personalwesen (Bildungsabteilung) an.[238] Das Controlling wird hierbei zusammenhängend auf vorhandene Stellen übertragen. Dieses Vorgehen bietet sich vor allem in kleineren und mittleren Unternehmen an.

Die Aufgaben können aber auch auf mehrere vorhandene oder neu zu schaffende Stellen aufgeteilt werden.[239] Hierbei wird zwischen zentralen und dezentralen Funktionen unterschieden. In Tabelle 9 werden diese unterschiedlichen zentralen und dezentralen Funktionen dargestellt.[240]

Zentrale Funktionen (z. B. Controller in der Zentralcontrolling-Abteilung)	Dezentrale Funktionen (z. B. Bildungscontroller in Bildungsabteilung)
Aufstellung, Pflege und Weiterentwicklung von Controllingmethoden	Bereichsspezifische, unmittelbar wirksame Führungsunterstützung
Fachliche und personelle Koordination der dezentralen Controller	Controller wird durch engen Kontakt zum jeweiligen Bereichsmanager zum „frontnahen Anwendungsberater“
Funktion einer zentralen Ansprechstelle für dezentrale Controller	Durch Kontakt zu anderen Controllern direkte, bereichsübergreifende Informtionversorgung des jeweiligen Bereichsmanagers
Bearbeitung fallweise auftretender, grundsätzlicher Problemstellungen	

Tabelle 9: Zentrale und dezentrale Controllerfuntkionen.

Letztlich ist ein Erfolg dieses System der zentralen und dezentralen Funktionen aber nur gewährleistet, wenn man eine organisatorische Verknüpfung der Controllerstellen schafft, womit das Controlling wiederum institutionalisiert wird.[241]

8.2 Bildungscontrolling als institutionalisiertes Controlling

Je größer und personalintensiver das Unternehmen ist, desto notwendiger wird die Institutionalisierung einer Bildungscontrollingstelle. Hier stellt sich zunächst die Frage, wer die Weisungsbefungnis gegenüber dem Bildungscontroller ausübt (siehe Abbildung 12). Wer darf ihm Anweisungen erteilen? Ist er dem Zentralcontrolling oder der Bildungsabteilung fachlich zugeordnet? Außerdem ist das Unterstellungsverhältnis, also die disziplinarische Zuordnung zu klären (s. Abbildung 12).

238 vgl. Potthoff, E., Trescher, K, a. a. O., S. 271ff.
239 vgl. Hentze, J., Kammel, A., a. a. O., S. 196f.
240 vgl. Weber, J., a. a. O., S. 360f.
241 vgl. Weber, J., a. a. O., S. 361.

Untersteht der Bildungscontroller dem Zentralcontrolling oder der Bildungsabteilung? [242]

Fachliche und disziplinarische Zuordnung zum Zentralcontrolling	Fachliche und disziplinarische Zuordnung zur Bildungsabteilung
Fachliche Zuordnung zum Zentralcontrolling, Disziplinarische Zuordnung zur Bildungsabteilung	Fachliche Zuordnung zur Bildungsabteilung, disziplinarische Zuordnung zum Zentralcontrolling

Abb. 12: Unterstellungs- und Weisungsbefugnisvarianten.[243]

Die fachliche und disziplinarische Zuordnung zum Zentralcontrolling bietet die in Tabelle 10 dargestellten Vor- und Nachteile.[244]

Vorteile	Nachteile
Einheitliche Durchführung des Controllingkonzepts wird möglich.	Der „Spezialcontroller" ist der „Spion der Zentrale".
Gegengewicht bei Entscheidungen der Bildungsabteilung wird möglich.	Gefahr der Informationsblockade in der Bildungsabteilung.
Der integrative Koordinationsaspekt wird stark betont.	Mangelnde Akzeptanz des Controllers in der Bildungsabteilung.
Neue Konzepte können schnell durchgesetzt werden.	Der „Spezialcontroller" wird nicht zur Entscheidungsfindung herangezogen.
Der Controller besitzt Unabhängigkeit von der Bildungsabteilung.	Bildungsspezifische Besonderheiten werden zu wenig beachtet.
Die Zentrale kann schnell informiert werden (kurze Meldewege).	

Tab. 10: Vor- und Nachteile der Zuordnung zum Zentralcontrolling.

Die fachliche und disziplinarische Zuordnung zur Bildungsabteilung bietet die in Tabelle11 abgebildeten Vor- und Nachteile.[245]

Vorteile	Nachteile
Gute und vertrauensvolle Zusammenarbeit mit der Bildungsabteilung ist möglich.	Das Controlling-Gesamtkonzept wird vernachlässigt.
Der Bildungscontroller besitzt hohe Akzeptanz in der Bildungsabteilung.	Der Partikularismus wird verstärkt.
Der Bildungscontroller hat guten Zugang zu formellen und informellen Quellen.	Die Berichterstattung an den Zentralcontroller wird vernachlässigt.
Es besteht die Möglichkeit, die Bildungsabteilung bei der Entscheidungsfindung zu unterstützen.	Der Bildungscontroller besitzt mangelnde Distanz zur Bildungsabteilung.
Der Bildungscontroller kann auf die Bedürfnisse der Bildungsabteilung gut eingehen.	

Tab. 11: Vor- und Nachteile der Zuordnung zur Bildungsabteilung.

242 vgl. Hentze, J. Kammel, A., a. a. O., S. 197.
243 vgl. ebenda, S. 196.
244 vgl. Weber, J., a. a. O., S. 362.
245 vgl. ebenda.

Die fachliche Zuordnung zum Zentralcontrolling und disziplinarische Zuordnung zur Bildungsabteilung sowie die fachliche Zuordnung zur Bildungsabteilung und disziplinarische Zuordnung zum Zentralcontrolling wird auch (wegen der Darstellung im Organisationsplan mittels gestrichelter Linien) als „Dotted-line-Prinzip" bezeichnet. Die Vor- und Nachteile für diese Varianten sind in Tabelle 12 dargestellt.[246]

Vorteile	Nachteile
Kompromiß zwischen zwei Extremen.	Doppelunterstellung = Dauerkonflikt
Möglichkeit Bildungserfordernisse mit den Controllingnotwendigkeiten zu verbinden.	Der Bildungscontroller wird weder vom Zentralcontrolling, noch von der Bildungsabteilung akzeptiert.
Für die Bildungsabteilung und das Zentralcontrolling bietet sich die Möglichkeit der flexiblen Einflußnahme auf den Bildungscontroller.	Objektivität und Neutralität des Bildungscontroller sind nicht gegeben.

Tab. 12: Vor- und Nachteile der Zuordnung nach dem „Dotted-line-Prinzip".

Da es sich bei der Bildungsabteilung um eine „Centerorganisation" innerhalb eines Unternehmens handelt, kann trotz aller Vor- und Nachteile der verschiedenen Zuordnungsvarienten letztlich nur eine dezentrale Variante nach dem „Dotted-line-Prinzip" zielführend sein.[247]

9 Modell eines prozeßorientiert-ganzheitlichen Bildungscontrolling-Konzepts

Bei dem prozeßorientiert-ganzheitlichen Bildungscontrolling von Gerlich handelt es sich um ein theoretisches Konzept, welches keinen Anspruch auf Vollständigkeit erhebt. Es soll vielmehr ein Grundriß sein. Dabei wird systematisch vorgegangen, ohne standardisieren zu wollen.[248] Zu unterschiedlich sind die Bedürfnisse und Erfordernisse der Bildungsabteilungen verschiedener Unternehmen.[249] Der ganzheitliche Ansatz bezieht sich nicht auf das Gesamtunternehmen, sondern auf die mittels Bildungsmaßnahmen zu erreichenden Unternehmensziele.[250] Die in den vorangestellten Abschnitten dargestellten Elemente des Bildungscontrolling finden dabei Verwendung. In Abbildung 13 wird das von Gerlich skizzierte prozeßorientiert-ganzheitlichen Bildungscontrolling-Konzept dargestellt.

Gerlich unterteilt das Konzept in die strategische und operative Ebene. Sie verzichtet hierbei auf die Definition und Darstellung der taktischen Ebene.[251] Die Abhängigkeit des Bildungscontrolling von der Unternehmensstrategie und den Unternehmenszielen wird hier deutlich. Sie werden von verschiedenen Umweltbedingungen beeinflußt. Unternehmen stellen sich durch geeignete Strategien auf diese Umwelteinflüsse ein.

[246] vgl. Weber, J., a. a. O., S. 362.
[247] vgl. Horváth, P., a. a. O., S. 869.
[248] vgl. Gerlich, P., a. a. O., S. 79ff.
[249] vgl. Becker, M., a. a. O., S. 57ff.
[250] vgl. Gerlich, P., a. a. O., S. 79.
[251] vgl. Hentze, J., Kammel, A., a. a. O., S. 63ff.

Um diese Strategien im Sinne einer transparenten Personalpolitik zu den Mitarbeitern zu transportieren, bedarf es einer kaskardenförmigen Herunterbrechnung der Strategien über alle Hierarchiestufen hinab.[252]

Hieraus ergibt sich die individuelle Bildungsbedarfsermittlung und –analyse. Die Mitarbeiter einer Hierarchieebene arbeiten hierbei gemeinsam mit ihren direkten Vorgesetzten die aus der Unternehmensstrategie abgeleiteten Ziele für ihre Abteilung, abhängig von der Realisierbarkeit, heraus. Dabei wird geprüft, ob die Mitarbeiter die notwendigen Qualifikationen besitzen oder ob Entwicklungsbedarf besteht.

Außerdem können Mitarbeiter selbstdiagnostisch eigene Schwächen offenlegen. Als dritte Möglichkeit sieht Gerlich, die Stärken und Vorlieben der Mitarbeiter zu erfassen und diese gezielt zu fördern. Diese dritte Möglichkeit ist es auch, die als letzte Möglichkeit genutzt werden sollte, um die Effizienz einer Bildungsmaßnahme voll auszuschöpfen. Schließlich soll der richtige Teilnehmer, zur richtigen Zeit am richtigen Seminar teilnehmen. Mitarbeiter sollten nicht aus Sympathiegründen, sondern ausschließlich aus Zweckgründen eine Bildungsmaßnahme besuchen.[253]

Besteht kein aktueller Bildungsbedarf, wird dies an das übergeordnete Personal-Controlling gemeldet. Von dort wird die Bedarfsanalyse zeitgerecht erneut initiiert. Wurde ein Entwicklungsbedarf ermittelt, wird von Vorgesetzen, Mitarbeitern und Bildungsverantwortlichen gemeinsam das Bildungsvorhaben geplant. Hierzu gehört die Formulierung der qualitativen Erfolgskriterien und Lernzielen sowie die quantitative (zeitliche und monetäre) Festlegung unter Berücksichtigung der Teilnehmererwartungen und Vorerfahrungen. Die Planung der Transfersicherung ist von besonderer Bedeutung. Sie beginnt bereits vor der eigentlichen Durchführungsphase, erstreckt sich über den Durchführungszeitraum und die Zeit danach.[254]

Die Verantwortung für den Durchführungserfolg liegt bei den Bildungsverantwortlichen hinsichtlich der Art und Intensität der Vermittlung und bei den Teilnehmern (Mitarbeitern) hinsichtlich der Beteiligung an der Maßnahme.

Die Erfolgsanalyse umfaßt den Soll-Ist-Abgleich zwischen Planungs-Soll und Maßnahmen- und Transfererfolg-Ist in der qualitativen und quantitativen Dimension. Verantwortlich hierfür sind die Bildungsempfänger (Mitarbeiter) und ihre direkten Vorgesetzten. Sie geben das Ergebnis in den Informationspool.

---

[252] vgl. Gerlich, P., a. a. O., S. 79.

[253] vgl. Gerlich, P., a. a. O., S. 81.

[254] vgl. ebenda, S. 82f.

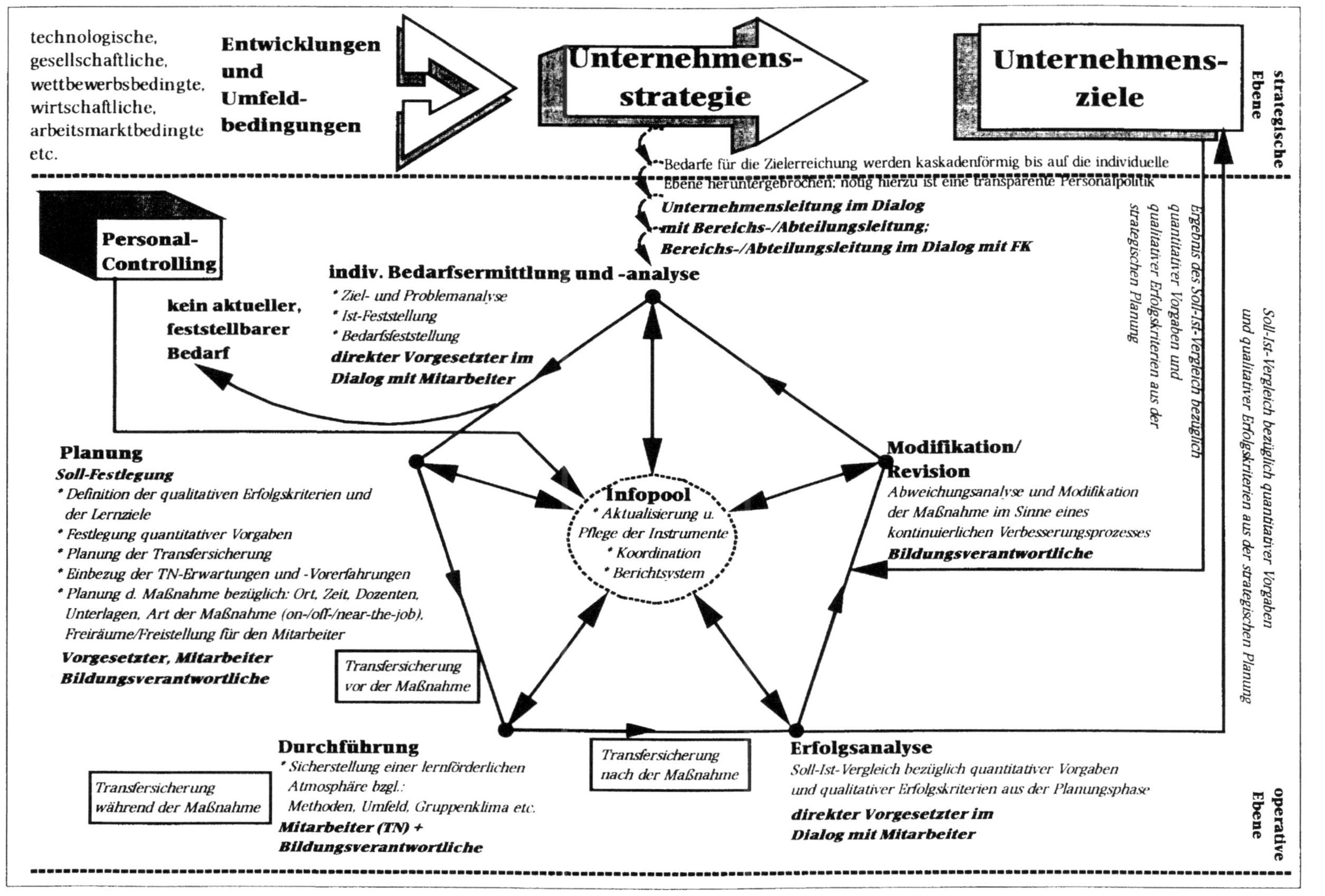

Abb. 13: Skizze eines prozeßorientiert-ganzheitlichen Bildungscontrolling-Konzepts.[255]

Der Abdruck erfolgte mit freundlicher Genehmigung des Rainer Hampp Verlags, Mering

[255] vgl. Gerlich, P., a. a. O., S. 80.

In diesem Informationspool werden die im Rahmen des Controllingprozesses erhobenen Daten als Informationen zur Verfügung gestellt und verarbeitet. Mittels Verbindung zum Personal-Controlling und zur Personalplanung werden die Daten vervollständigt und ständig mit diesen „Außensystemen" abgeglichen. Der Informationspool wird durch ein rechnergestütztes Datenbanksystem vervollständigt, über welches Kennzahlen, Checklisten, Anforderungsprofile, Dozentenlisten, Literaturlisten, Ergebnisse zurückliegender Erfolgsanalysen, etc. verfügt und in allen Phasen des Contollingprozesses zugänglich sind.[256]

Bevor die aus der maßnahmenbezogenen Erfolgsanalyse gewonnenen und mit den aus dem Abgleich mit dem Informationspool erhaltenen Informationen verarbeitet und in einer letzten Phase gegebenenfalls revidiert oder modifiziert werden, findet ein Soll-Ist-Vergleich bezüglich der quantitativen Vorgaben und der qualitativen Erfolgsergebnisse mit der strategischen Planung statt. Diese Ergebnisse werden in die Phase der Abweichungsanalyse und Modifikation im Sinne eines kontinuierlichen Verbesserungsprozesses vom Bildungsverantwortlichen genutzt, ehe es zu einer erneuten Bedarfsermittlung und –analyse kommt. Der Bildungsprozeß beginnt von vorne.[257]

10 Schlußbetrachtung

Die betriebliche Bildungsarbeit steht in Deutschland seit Mitte der 80er Jahre unter dem Druck, den Nachweis ihrer Effizienz und Effektivität zu erbringen. Die Bildungsverantwortlichen bekamen von den Finanzverantwortlichen der Unternehmen vorgerechnet, welche Kosten das betriebliche Bildungswesen verursacht. Zu dieser Zeit hatte die Kostensenkung Priorität in allen betriebswirtschaftlichen Überlegungen.[258]

Dieser Trend hat sich gewandelt. Der Schwerpunkt liegt heute nicht mehr so sehr in der Kostenminimierung, sondern vielmehr bei der Nutzenmaximierung. Die Bildungsverantwortlichen schulden über den Nutzennachweis ihrer Bildungsmaßnahmen hinaus aber heute auch den Nachweis über die Verbesserung der Wettbewerbsfähigkeit und der Unternehmensergebnisse als Folge ihrer Bildungsmaßnahmen.[259]

Dabei betrachten die Unternehmen die Bildungsabteilung intern als ein „Cost-center" und handeln nach dem Motto „No Reporting, No Investment!"[260] Zwar haben die Bildungsverantwortlichen auch vor dieser Zeit ihre Maßnahmen evaluiert. Allerdings fand diese Evaluation mehr unter dem Gesichtspunkt der „Feed-back-Kontrolle" und überwiegend aus pädagogischem Interesse statt.

---

256 vgl. Gerlich, P., a. a. O., S. 84ff.

257 vgl. ebenda, S. 86f.

258 vgl. Bardeleben, v. R., Herget, H.: Nutzen und Erfolg betrieblicher Weiterbildung messen: Herausforderungen für das Weiterbildungs-Controlling, in: Krekel, E. M., Seusing, B. (Hrsg.): Bildungscontrolling, ein Konzept zur Optimierung der betrieblichen Bildungsarbeit, 1. Aufl., 1999, Bielefeld, S. 103.

259 vgl. ebenda, S. 93ff.

260 Landsberg, v. G.: Bildungs-Controlling: „What´s so likely to go wrong?" in: Landsberg, v. G., Weiß, R. (Hrsg.): Bildungscontrolling, 2. überarb. Aufl., Stuttgart, 1995, S. 28.

Ein betriebswirtschaftliches Controlling der betrieblichen Bildungsarbeit, das sich auch mit den monetären Aspekten beschäftigt, wurde erst Ende der 80er Jahre entwickelt. Durch Verknüpfung der bekannten Evaluation mit dem neuen Bildungscontrolling ist es zur Entwicklung eines kontinuierlichen betrieblichen Bildungsprozesses auf Grundlage der „Feed-forward-Kontrolle" gekommen.

Ausgehend von diesen betriebswirtschaftlichen und vor allem personalwirtschaftlichen Trends und Entwicklungen wurde das Bildungscontrolling im Rahmen der Personalentwicklung mit seinem entwicklungsbedingtem Facettenreichtum in Form verschiedenster Ansätze dargestellt. Eine geschlossene Bildungscontrollingtheorie ist dennoch nicht existent. Zwar entwickelte Gerlich ein prozeßorientiert-ganzheitliches Bildungscontrolling-Konzept.[261] Aber auch dieses Konzept erhebt keinen Anspruch auf Vollständigkeit und Universialität.

Es ist vielmehr die Entwicklung eines unternehmensspezifischen, inidividuellen Bildungscontrolling-Konzepts erforderlich, damit die verschiedenen Ansätze des Bildungscontrolling mit seinen Zielen, Aufgaben, Instrumenten und Funktionen wirkungsvoll zum Einsatz kommen können.

11 Ausblick

Den gewärtigen und zukünftigen Stand des Bildungscontrolling untersuchen das Bundesinstitut für Berufsbildung und das Institut für Entwicklungsplanung und Strukturforschung der Universität Hannover augenblicklich im Rahmen einer empirischen Untersuchung im Forschungsprojekt „Möglichkeiten von Bildungscontrolling als Planungs- und Steuerungsinstrument der betrieblichen Weiterbildung". Da das Projekt bis zum 3. Quartal 1999 läuft, können an dieser Stelle nur erste Ergebnisse in einen abschließenden Ausblick einbezogen werden.[262]

Von vielen der befragten Experten aus 1000 Betrieben im Rahmen des repräsentativen Referenz-Betriebs-Systems wurde Bildungscontrolling als Modeerscheinung bezeichnet, der gerade „Konjunktur" habe und deshalb in das Bildungswesen Einzug hält. Bildungscontrolling sei aus einem betriebswirtschaftlichen Verständnis heraus entstanden, welches sich eng an dem Konzept des Führens mittels Zielvereinbarungen orientiere. In der betrieblichen Weiterbildung überwiegen derzeit jedoch noch die Konzepte der pädagogisch akzentuierten Evaluation und der technizistischen Qualitätssicherung. Vor allem in Betrieben mit mehr als 500 Mitarbeitern hat Bildungscontrolling jedoch bereits eine relativ hohe Bedeutung.[263]

---

261 vgl. Gerlich, P., a. a. O., S. 79ff.

262 vgl. Gnahs, D, Krekel, E. M.: Betriebliches Bildungscontrolling in Theorie und Praxis: Begriffsabgrenzung und Forschungsstand, in: Krekel, E. M., Seusing, B. (Hrsg.): Bildungscontrolling, ein Konzept zur Optimierung der betrieblichen Bildungsarbeit, 1. Aufl., 1999, Bielefeld, S. 31ff.

263 vgl. ebenda.

Als wichtigste Aufgabe der betrieblichen Weiterbildung wird die Deckung des Qualifikationsbedarfs vor allen anderen Aufgaben (Anpassung, Vorbereitung, Förderung) gesehen. Um ein erfolgreiches Bildungscontrolling durchzuführen, bedürfe es jedoch nicht unbedingt eines Bildungscontrollers. Überwiegend wird die Funktion des Bildungscontrolling dem Personal- oder Bildungsverantwortlichen zugeschrieben. Die Zuordung erfolgt im Regelfall beim betrieblichen Bildungswesen. Es sind jedoch nur sehr wenige Betriebe, die ihre Bildungsarbeit in sehr hohem Maße mittels eines Bildungscontrolling-Konzepts ausrichten. In den meisten Betrieben (37 % der größeren [>500 MA], 51 % der mittleren [50-499 MA] und 56 % der kleineren (<50 MA]) wird das Bildungscontrolling noch nicht berücksichtigt. Sie planen dies erst für die Zukunft.[264]

Der traditionelle Seminarbetrieb verliert dabei zunehmend an Bedeutung zugunsten arbeitsplatznaher Bildungsarten. Seminare finden – wenn überhaupt – verstärkt betriebsintern statt, um Kosten zu sparen und einen größeren Unternehmensbezug herzustellen.[265]

Insgesamt sehen die Unternehmen die betriebliche Bildungsarbeit zunehmend als strategisches Erfolgsinstrument. Sowohl bei der Nutzung neuer Techniken, der Förderung der Prozeß- und Produktinnovation als auch zur Verbesserung der Organisationsformen dient die betriebliche Bildung. Unter dem Aspekt des „lernenden Unternehmens" werden künftig vielleicht neue, höhere Anforderungen an das Bildungswesen gestellt. Den Nachweis des Nutzens werden sie auch dann zu erbringen haben. Hierzu wird es mehr denn je erforderlich sein, Nutzen meßbar zu machen und einer monetären, quantitativen Bewertbarkeit nicht zu entziehen. Letztlich ist dies auch ein sehr wichtiges Instrument zum internen Bildungsmarketing.[266]

Diese Problematik könnte durch ein Bewertungssystem mittels Erfolgsparameter und Nutzenkriterien für die Beurteilung der betrieblichen Bildung gelöst werden. In Abbildung 14 ist dieses von Bardeleben und Herget entwickelte System dargestellt. Es läßt in der Praxis genauere Aussagen über die Wirkungen von Bildungsmaßnahmen zu. Sie können beim Eintritt als Nutzen, beim Ausbleiben als Schaden bewertet werden.

---

264 Vgl. Beicht, U., Krekrel, E. M.: Bedeutung des Bildungscontrollings in der betrieblichen Praxis – Ergebnisse einer schriftlichen Befragung, in: Krekel, E. M., Seusing, B. (Hrsg.): Bildungscontrolling, ein Konzept zur Optimierung der betrieblichen Bildungsarbeit, 1. Aufl., 1999, Bielefeld, S. 35ff.

265 vgl. Seusing, B., Bötel, Chr.: Bildungscontrolling – Umsetzungsbeispiele aus der betrieblichen Praxis, in: Krekel, E. M., Seusing, B. (Hrsg.): Bildungscontrolling, ein Konzept zur Optimierung der betrieblichen Bildungsarbeit, 1. Aufl., 1999, Bielefeld, S. 55ff.

266 vgl. Bardeleben, v. R., Herget, H., a. a. O., S. 104f.

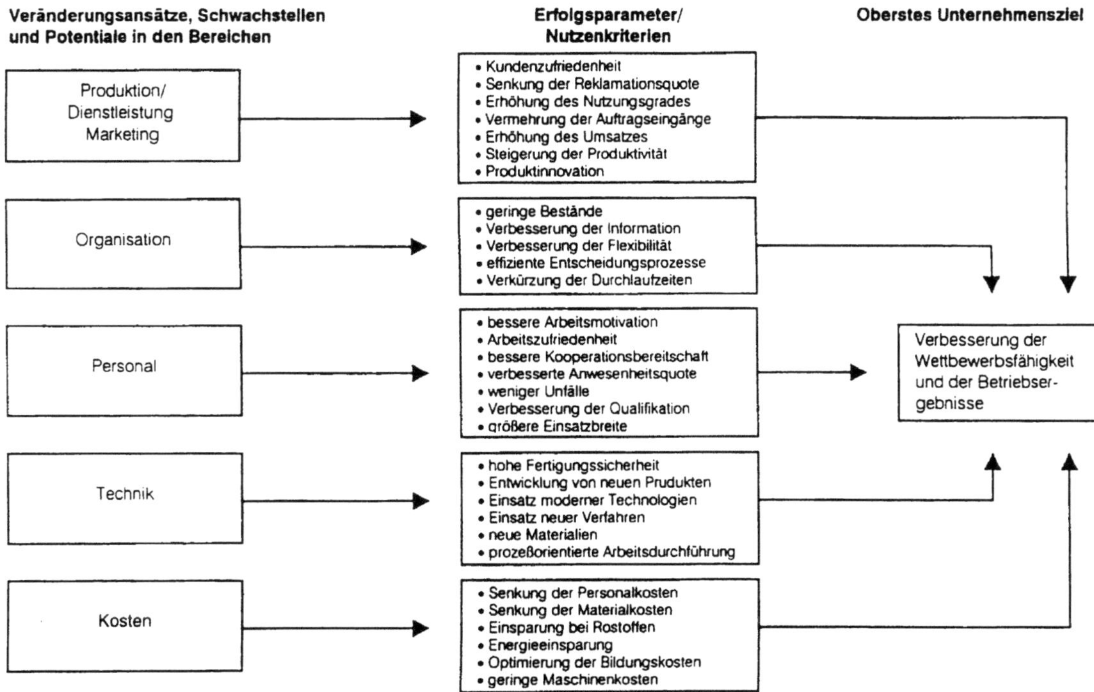

Abbildung 14: Erfolgsparameter und Nutzenkriterien für die Beurteilung der betrieblichen Bildungsmaßnahmen im Rahmen eines Bildungscontrolling.[267]

Abschließend läßt sich die heutige und zukünftige Position des Bildungscontrolling mit zwei Zitaten umschreiben:

„Bildungscontrolling ist Prozeß, nicht Programm, ist Philosophie und Denkhaltung, nicht Produkt singulärer Entscheidungen.“[268] „Bildungscontrolling versetzt in kreative Unruhe. Mal wieder ganz von vorne anzufangen, es völlig anders anlegen, neue Konzepte entwickeln. Das ist der Hauch des Verrückten, darin liegt die Chance.“[269]

[267] vgl. Bardeleben, v. R., Herget, H., a. a. O., S. 101.
[268] Becker, M., a. a. O., S. 78.
[269] Landsberg, v. G., a. a. O. , S. 36.

Abkürzungsverzeichnis

a. a. O.	am angegebenen Ort
Abb.	Abbildung
AFG	Arbeitsförderungsgesetz
Aufl.	Auflage
AV-Medien	Audiovisuelle Medien
Azubi	Auszubildender
BAB	Betriebsabrechnungsbogen
BBiG	Berufsbildungsgesetz
Bzw.	beziehungsweise
Diss.	Dissertation
Durchschn.	durchschnittlich
Erw.	erweitert
Etc.	et cetera
Ggf.	gegebenenfalls
Hrsg.	Herausgeber
HVW	Humanvermögenswert
HwO	Handwerksordnung
i.	in/im
Incl.	inclusive
MA	Mitarbeiter
Mrd.	Milliarden
PE	Personalentwicklung
S.	Seite
s.	siehe
s. a.	siehe auch
s. u.	siehe unten
SOP	standard operation procedures
Tab.	Tabelle
TN	Teilnehmer
u. a.	unter anderem
Überarb.	überarbeitet
USA	United States of America
US-amerikanisch	United States-amerikanisch
Vgl.	vergleiche
Vollst.	vollständig
z. B.	zum Beispiel

LITERATURVERZEICHNIS (BÜCHER)

Ahrens, H.-G.: Kontextuelle Auswirkungen auf betriebliche Personalwirtschaften (Diss.), 1. Aufl.,Braunschweig,1988

Alt, Chr., Sauter, E., Tillmann, H.: Berufliche Weiterbildung in Deutschland, 1. Aufl.,Bielefeld,1994

Arnold, R.: Betriebliche Weiterbildung,1. Aufl.,Bad Heilbrunn/Obb.,1991

Arnold, R., Wiegerling, H.-J.: Programmplanung in der Weiterbildung, 1. Aufl.,Frankfurt/Main,1983

Bardeleben, R. v. (Hrsg.): Kosten und Nutzen beruflicher Bildung,1. Aufl.,Stuttgart,1996

Becker, M.: Personalentwicklung – Bildung, Förderung und Organisationsentwicklung in Theorie und Praxis,2. überarb. und erw. Aufl.,Stuttgart,1999

Berthel, J.: Personalmanagement – Grundzüge und Konzeptionen betrieblicher Bildungsarbeit, 1. Aufl.,Stuttgart,1989

Bundesinstitut für Bildungsforschung im Bundesinstitut für Berufsbildung (BiBB) (Hrsg.): Weiterbildung in der Arbeitswelt,1. Aufl.,München,1977

Bundesminister f. Bildung und Wissenschaft (Hrsg.): Betriebliche Weiterbildung – Forschungsstand und Forschungsperspektiven,1. Aufl.,Bonn,1990

Bundesverband Deutscher Unternehmensberater e.V. (BDU), Fachverband Unternehmensführung und Controlling (Hrsg.): Controlling,2. Aufl.,o. O.,o. J.

Coenenberg, A. G. (Hrsg.): Betriebliche Weiterbildung von Führungskräften, 1. Aufl.,Düsseldorf,1989

Corsten, W. F., Reiß, M.: Betriebswirtschaftslehre,,München,1996

Der kleine Duden,Fremdwörterbuch,,Mannheim,1977

Döring, K. W.: Weiterbildung im System,Neuausgabe 1. Aufl.,Weinheim,1988

Edding, F.: Auf dem Wege zur Bildungsplanung,1. Aufl.,Braunschweig,1970

Edding, F.: Ökonomie des Bildungswesens,1. Aufl.,Freiburg i. B.,1963

Faulstich, P. u.a.: Weiterbildung für die 90er Jahre,1. Aufl.,Weinheim,1992

Frankenreiter, J.: Möglichkeiten und Grenzen der indirekten prozeßbezogenen Erfolgsbeurteilung von betrieblichen Weiterbildungsmaßnahmen (Diss.), 1. Aufl.,Stuttgart,1995

Freimuth, J., Haritz, J. Kiefer, B.-U. (Hrsg.): Auf dem Wege zum Wissensmanagement, 1. Aufl.,Göttingen,1997

Freund, F.: Praxisorientierte Personalwirtschaftslehre,4. Aufl.,Stuttgart,1988

Gebert, D./ Steinkamp, Th.: Innovativität und Produktivität durch betriebliche Bildung, 1. Aufl.,Stuttgart,1990

Geißler, H. et al (Hrsg.): Organisationslernen konkret,1. Aufl.,Frankfurt am Main,1998

Gerlich, P.: Controlling von Bildung, Evaluation oder Bildungs-Controlling? (Diss.), 1. Aufl.,Mering,1999

Görs, D.: Die gesellschaftspolitische Bedeutung der Weiterbildung – aus Sicht der Unternehmer und der Arbeitnehmer,1. Aufl.,Berlin,1982

Grochla, A. (Hrsg.): Handwörterbuch der Organisation,2. Aufl.,Stuttgart,1980

Hentze, J.: Personalwirtschaftslehre 1,6., überarb. Aufl.,Stuttgart,1993

Hentze, J.: Personalwirtschaftslehre 2, 5., überarb. und ergänzte Aufl. ,Stuttgart,1991

Hentze, J., Kammel, A.: Personalcontrolling, 1. Aufl.,Stuttgart,1993

Hentze, J., Kammel, A., Lindert, K.: Personalführungslehre, 3. vollst. überarb. Aufl., Stuttgart,1997

Horváth, P.: Controlling, 7. vollst. überarb. Aufl.,München,1998

Horváth, P., Reichmann, T. (Hrsg.): Vahlens Großes Controllinglexikon,München,1993

Hoss, G.: Personalcontrolling im industriellen Unternehmen (Diss.),1. Aufl.,Krefeld,1989

Islebe, R. A.: Die Entwicklung des mitarbeiterorientierten Personalentwicklungsbedarfs als Grundlage erwachsenen-gemäßer Personalenwicklungsmaßnahmen (Diss.),1. Aufl., Essen,1984

Kammel, A.: Konzeptionelle Bausteine einer zielgerichteten Unterstützung der betrieblichen Personalwirtschaft durch Personalcontrolling (Diss.),1. Aufl., Braunschweig,1991

Kaplan, R. S., Norton, D. P. (Hrsg.): Balanced scorecard, aus dem Amerikanischen übersetzt von Horváth, P.,1. Aufl.,Stuttgart,1997

Krekel, E. M., Seusing, B. (Hrsg.): Bildungscontrolling, ein Konzept zur Optimierung der betrieblichen Bildungsarbeit,1. Aufl.,Bielefeld,1999

Kuwan, H.: Weiterbildungsbarrienren,1. Aufl.,Bonn,1990

Landsberg, v. G., Weiß, R. (Hrsg.): Bildungscontrolling,2. überarb. Aufl.,Stuttgart,1995

Lang, F. P. (Hrsg.): Humankapital und Transformation,1. Aufl.,Braunschweig,1993
Laske; Gorbach (Hrsg.): Spannungsfeld Personalentwicklung,1. Aufl.,Wiesbaden,1993
Lung, M.: Betriebliche Weiterbildung, Systemanalyse... (Diss.),1. Auflage,Kiel,1991
Mentzel, W.: Unternehmenssicherung durch Personalentwicklung,7., aktualisierte Aufl., Freiburg i. Breisgau,1997
Müller, Chr.: Entwicklung eines Verfahrens zur wertmäßigen Bestimmung der Produktivität und Wirtschaftlichkeit von Personalentwicklungsmaßnahmen in Arbeitsstrukturen (Diss.) ,1. Aufl.,Berlin,1993
Münch, J.: Personalentwicklung als Mittel und Aufgabe moderner Unternehmensführung,1. Aufl.,Bielefeld,1995
Neges, R.: Personalentwicklungs- und Weiterbildungserfolg,1. Aufl.,Wien,1991
Olesch, G.: Praxis der Personalentwicklung,1. Aufl.,Heidelberg,1988
Pawlowsky, P.: Betriebliche Weiterbildung: Management von Qualifikation und Wissen,1. Aufl.,München,1996
Potthoff, E., Trescher, K.: Controlling in der Personalwirtschaft,1. Aufl.,Berlin,1986
Rationalisierungskuratorium der Deutschen Wirtschaft (Hrsg.): RKW-Handbuch Personalplanung, 2. Aufl.,Neuwied,1990
Riekhof, H.-Chr. (Hrsg.): Strategien der Personalentwicklung,1. Aufl.,Wiesbaden,1989
Schmidt, H. (Hrsg.): Humanvermögensrechnung,1. Aufl.,Berlin,1982
Scholz, Chr.: Personalmanagement,3., neubearbeitete und aktual. Aufl.,München,1993
Schulte, Chr.: Personal-Controlling mit Kennzahlen,1. Aufl.,München,1989
Seyd, W.: Betriebliche Weiterbildung,1. Aufl.,Alsbach,1982
Siegwart, H. u. a. (Hrsg.): Management Controlling – Meilensteine im Management, 1. Aufl.,Stuttgart,1990
Sprick, J.: Systemverträgliche Organisationentwicklung... (Diss.),1. Aufl.,Dortmund,1995
Stargardt, H.-J.,Grundlagen: Ziele und Methoden in der Personalwirtschaft,2. erw. und überarb. Aufl.,Herford,1992
Süddeutsche Zeitung (Hrsg.): Bildungscontrolling in der betrieblichen Personalentwicklung, 1. Aufl.,München,1996
Weber, J.: Controlling,7. vollst. überarb. Aufl. ,Suttgart,1998
Weisshuhn, G.,Sozioökonomische Analyse von Bildungs- und Ausbildungsaktivitäten, 1. Aufl.,Berlin,1977
Westphal, L. R: Humankapital und Berufsausbildung in Brasilien (Diss.),1.Aufl., Münster,1990
Wittwer, W.: Weiterbildung im Betrieb,1. Aufl.,München,1982
Wöhe, G.: Einführung in die allgemeine Betriebswirtschaftslehre,19. überarb. und erw. Aufl.,München,1996

LITERATURVERZEICHNIS (ZEITSCHRIFTEN)

controller-magazin, 6/1987,Wunderer, R., Sailer, M.: Instrumente und Verfahren des Personalcontrolling, 287
Personal, 6/1991,Volk, H.: Lebenslanges Lernen – der Schlüssel zu Berufserfolg und Arbeitsfreude, 209
Personal, 11/1993,Feige, W.: Bildungscontrolling – Anspruch und Wirklichkeit, 517
Personal, 6/1994,Roeder, H.: Personal-Controlling: Der Stand der Dinge, 238
Personal, 1/1995,Bracht, R., Kalmbach, A.: Einführung von Bildungscontrolling, 26
Personal, 11/1997,Nemitz, B., Johnson, G., Kober, M.: Controlling der Personalentwicklung bei der Karstadt AG, 573
Personal, 7/1998,Rüdenauer, M.: Ganzheitliches Bildungsmanagement steigert den Weiterbildungserfolg, 340
Personalführung, 7/1987,Wunderer, R., Sailer, M.: Die Controlling-Funktion im Personalwesen – Teil 1, 505

Abbildungsverzeichnis

Tabellenverzeichnis

Über den Autor

Tobias Immenroth
Jahrgang 1971, Betriebswirt (VWA), Krankenpfleger und Lehrrettungsassistent, Dozent im Rettungsdienst, Trainer für Erwachsenenbildung, hat sich im Rahmen seines Studiums an der VWA Braunschweig intensiv mit dem Thema Bildungscontrolling auseinandergesetzt.

Das vorliegende Buch „Bildungscontrolling im Rahmen der Personalentwicklung" entstand aus der Diplomarbeit zu diesem Thema.

Ebenfalls im TIV erschienen ist:

ISBN 3-9807017-0-0
DM 29,90

Erhältlich über den Buchhandel oder direkt beim Verlag.